Dr. Gérard Bökenkamp und Dr. Nils Christian Hesse

Großbritannien, die EU und die liberale Vision für Europa
Zwischen Brexit, politischer Union und Reform

Im Auftrag der Friedrich A. von Hayek-Stiftung
für eine freie Gesellschaft

August 2016

Vorwort 1
1. Einleitung 2
2. Liberale Vordenker 4
3. Das Leitbild einer flexiblen europäischen Ordnung........................17
4. Die britische Vision von Europa
   als liberale Alternative zur politischen Union? 25
5. Die immer engere Union in der Krise 35
6. Brexit-Szenarien aus liberaler Perspektive 44
7. Ausblick 55
Literatur..61

Herstellung und Verlag:
BoD - Books on Demand, Norderstedt
ISBN 978-3-7412-6725-3

Vorwort:
Nach dem Referendum vom 23. Juni 2016

Das Referendum am 23. Juni 2016 in Großbritannien hat eine Mehrheit für den Austritt des Vereinigten Königreichs aus der Europäischen Union erbracht. Die hier vorliegende Studie wurde vor dem Referendum verfasst. Dennoch sind die zentralen Aussagen dieser Studie immer noch relevant, ja gerade in dem nun folgenden Prozess von besonderer Bedeutung. Denn noch ist weder klar, auf welches Abkommen sich Großbritannien und die EU für den Austritt einigen werden. Es ist nicht einmal klar, ob dieser Austritt jemals vollzogen wird.

Diese Studie kann und soll gerade in den nächsten Monaten, bis zur Entscheidung über den Beginn des Austrittsprozesses und auch für die folgenden Verhandlungen einen Beitrag leisten, um die Debatte zu versachlichen. Sie zeigt die möglichen Optionen und das Für und Wider des Brexit aus einer liberalen Perspektive auf. Wir zeigen Reformansätze für die Europäische Union. Auch diese bleiben aktuell, ja können als Antwort auf die besondere Dringlichkeit der Lage gelesen werden.

Sie werden in dieser Studie ein ausgearbeitetes liberales Leitbild finden und eine Problemanalyse der europäischen Politik, die wohl teilweise erklären kann, warum das Votum der Briten so ausgegangen ist, wie es ausgegangen ist. Die beschriebenen, von David Cameron durchgesetzten Reformen sind nach wie vor sinnvolle Schritte zur Verbesserung der EU und sollten auch nach diesem Referendum zur Umsetzung in Betracht gezogen werden. Die aufgezeigten Optionen und Modelle für die Zeit nach dem Brexit sind nun von besonderem Interesse und Aktualität. Aber auch die Möglichkeit eines Verbleibs Großbritanniens in der EU kann derzeit nicht ausgeschlossen werden.

Der Brexit und die Reform der EU gehören zu den großen Fragen unserer Zeit. Diese Abhandlung bietet eine liberale Perspektive auf den bisherigen Prozess und eine Hilfe zur Beurteilung der Entscheidungen, die noch vor uns liegen.

1. Einleitung

Am 23. Juni stimmen die Briten über den Verbleib in der Europäischen Union ab. Die Umfragen deuten auf einen knappen Ausgang hin, und auch in Deutschland gehen die Meinungen über Großbritanniens Mitgliedschaft in der EU auseinander.

Es gibt durchaus Gründe für die Meinung, ein Brexit könnte für beide Seiten wohltuend sein – nach dem Motto: Lieber ein guter Nachbar als ein schlechter Mitbewohner.[1] Vielleicht sind Großbritannien und die EU einfach nicht füreinander gemacht. Zudem könnte ein Brexit ein Weckruf sein und die EU-Reformbereitschaft, die im Inneren erlahmt, von außen beleben. Aber es gibt auch Gründe für den Standpunkt, dass die Briten weiter als Korrektiv, Beitragszahler und politisches Schwergewicht in der EU gebraucht werden. Ein Austritt Großbritanniens könnte – so die Befürchtungen – zu wirtschaftlichen Verwerfungen, Protektionismus und politischem Chaos führen.

Die Lager lassen sich dabei nicht entlang eines klassischen Links/Rechts- oder Individualistisch/Kollektiv-Schemas einordnen. Viele überzeugte Liberale in Großbritannien erhoffen sich von einem unabhängigen Großbritannien ein neues goldenes Zeitalter des Freihandels auf der Insel. Aber auch viele Linke setzen auf einen Brexit, um ihre Idee eines „sozialistischen" Großbritanniens der Vor-Thatcher-Ära zu verwirklichen, oder um auf dem Kontinent ohne den Widerstand der Briten endlich den europäischen Bundesstaat durchzusetzen. Manche Liberale auf dem Kontinent erhoffen sich hingegen von einem Brexit, dass in der Folge auch das demokratische Mitbestimmungsbedürfnis in anderen Mitgliedstaaten erwacht und die Träume von eben diesem europäischen Bundesstaat zerplatzen.

Diese Studie wird die Folgen eines „out" ebenso wie die eines „remain" aus einer liberalen Perspektive analysieren. Wir werden dazu zunächst die europapolitischen Vorstellungen von sieben liberalen Vordenkern beschreiben: Hayek, Mises, Eucken, Röpke, Erhard, Dahrendorf und Buchanan. Sie alle tragen Einsichten bei, aus denen wir zunächst Kriterien für eine liberale europäische Ordnung ableiten und anschließend ein Leitbild, welches diesen Kriterien entspricht. Dieses Leitbild werden wir mit der *British Vision of Europe* abgleichen, welche Großbritannien mit seiner Europapolitik seit Jahrzehnten verfolgt.

Diese Leitbilder nutzen wir, um die Situation im Status quo und nach dem Referendum zu betrachten. Der Status quo der EU ist kritisch: Das Wohlstandsniveau ist in großen Teilen der Eurozone in den letzten Jahren gesunken, in den Krisenländern bewegt sich die Arbeits-

---

1 Vgl. Hannan (2014)

losigkeit weiter auf Rekordniveau, und in den Rettungsländern steigen die Haftungsrisiken. Die EU verfehlt seit Jahren viele ihrer selbstgesetzten Ziele. Mit neuen Institutionen, einer Überdehnung des Rechts und großen finanziellen Anstrengungen konnten in der Euro- und in der Flüchtlingskrise die offensichtlichen Probleme nur notdürftig überdeckt werden. Die immer engere Union ist in eine Sackgasse geraten, aus der sich kein Ausweg abzeichnet.

In dieser Situation lässt Großbritannien seine Bürger über den Verbleib in der EU abstimmen. Wie sich ein Austritt des Vereinigten Königreichs aus der EU auswirken wird, hängt entscheidend von den Umständen dieses Austritts ab. Deshalb skizzieren wir abschließend verschiedene Szenarien und bewerten sie wieder mit Hilfe der zuvor abgeleiteten Kriterien. Wir geben damit Antworten auf die Frage, was ein Brexit für Freiheit, Marktwirtschaft, Subsidiarität und Wettbewerb in Großbritannien, Deutschland und Europa bedeuten würde.

2. Liberale Vordenker

Um beurteilen zu können, ob aus liberaler Perspektive die Chancen oder die Risiken eines Brexit überwiegen, werden wir die liberale Perspektive genauer beschreiben. Wir zeigen, wie Friedrich A. von Hayek, Ludwig von Mises, Walter Eucken, Ludwig Erhard, Wilhelm Röpke, Ralf Dahrendorf und James Buchanan sich zur europäischen Integration im Allgemeinen und, insoweit der Fall, zu Sezessionen und der Rolle Großbritanniens im Speziellen geäußert haben. Dabei starten wir weitgehend chronologisch mit den Vorstellungen von Friedrich August von Hayek, Ludwig von Mises und Walter Eucken, die diese zum Teil bereits vor und während des Zweiten Weltkriegs zu Papier brachten.

Als nach dem Krieg die politischen Weichen hin zu einer Europäischen Wirtschaftsgemeinschaft gestellt wurden, waren Wilhelm Röpke und Ludwig Erhard zwei prominente, liberale Kritiker einer immer engeren Union. In den 70er-Jahren äußerte sich Lord Dahrendorf allgemein zu Europa und speziell zur Rolle Großbritanniens. Nach dem Fall der Mauer blickte James Buchanan mit großem Optimismus auf ein föderales Europa.

Friedrich A. von Hayek

Friedrich August von Hayek hat sich ausgerechnet im Jahr 1939 zu den Möglichkeiten föderativer Zusammenschlüsse optimistisch geäußert. Als ganz Europa sich auf den Krieg einstimmte, blieb Hayek hoffnungsvoll beim Gedanken an eine Föderation souveräner Staaten. Denn aus seiner damaligen Sicht wäre die in diesem Fall sich zwangsläufig einstellende liberale Wirtschafts- und Währungspolitik die beste Vorkehrung gegen die Planwirtschaft.

Von einem liberalen Programm abweichende Maßnahmen – die Subventionierung nationaler Unternehmen, breite Umverteilung oder Protektionismus – würden nach damaliger Einschätzung Hayeks in einer Föderation durch universelle Verbote unterbunden. Der Bund hätte dazu kein Mandat, da in einem internationalen Staatenbund nationale Ideologien und das für eine solidarische Sonderbehandlung notwendige Mitgefühl mit dem Nachbarn fehlen würden.

Da *„die Macht der den Bundesstaat bildenden Staaten noch begrenzter sein wird, werden viele Eingriffe in das Wirtschaftsleben, an die wir uns gewöhnt haben, in einer föderativen Organisation völlig undurchführbar sein"*.[2] Dass Bürger über die allgemeinen Verbote von Marktinterventionen hinaus freiwillig einer internationalen Regierung etwa zur Umverteilung im großen Maßstab oder zur Befriedigung von Sonderinteressen Befugnisse abtreten könnten, hielt Hayek 1939 für schwer vorstellbar.

---

2 Hayek (1939/1952), S. 336

Doch Hayeks 1939 noch äußerst zuversichtliche Perspektive hinsichtlich der sich in einer Föderation quasi automatisch einstellenden freiheitlichen Wirtschaftspolitik machte er 1944 in *Der Weg zur Knechtschaft (The Road to Serfdom)* bereits von einigen zusätzlichen Bedingungen abhängig. So sah er die Gefahr, dass sich, sollte sich eine Föderation auf wirtschaftliche Fragen beschränken, die Macht *„in den Händen unverantwortlicher internationaler Wirtschaftsinstanzen"* konzentrieren könnte. Statt auf internationale Wirtschaftsinstanzen komme es deshalb auf *„eine internationale politische Organisation [an], die die Wirtschaftsinteressen in Schach halten und im Falle eines Konflikts ausgleichend wirken kann"*. Die Machtbefugnisse dieser politischen Organisation sollten lediglich *„in jenem Minimum an Befugnissen [bestehen], ohne die keine friedlichen Beziehungen aufrechterhalten werden können, d.h. im Wesentlichen in den Befugnissen des ultraliberalen ‚Laissez-faire-Staates'. Und noch mehr als im nationalen Rahmen kommt es darauf an, dass diese Befugnisse der internationalen Instanz genau durch die Normen des Rechtsstaats festgelegt werden."*[3]

Hayeks Vertrauen in die liberale Entfaltungswirkung einer föderativen Organisation war also zumindest in dem Maße gesunken, dass er die Notwendigkeit eines klaren und durchsetzbaren gesetzlichen Ordnungsrahmens stärker betonte.

Ebenfalls in *The Road to Serfdom* beschrieb Hayek die skeptische Haltung, die besonders Briten gegenüber einer übergeordneten europäischen Zentralinstanz hegen würden: *„The English people, for instance, perhaps even more than others, begin to realize what such schemes mean only when it is presented to them that they might be a minority in the planning authority and that the main lines of the future economic development of Great Britain might be determined by a non-British majority."*[4]

Nach dem Krieg wurde die europäische Integration Wirklichkeit. Doch Hayek äußerte sich in den folgenden Jahrzehnten auffällig selten zur konkreten Gestaltung des europäischen Projektes.[5] Bei seinen wenigen Einlassungen zu internationalen Organisationen im Allgemeinen zeigt sich, dass von seiner föderalen Euphorie wenig blieb. 1960 schrieb er in *The Constitution of Liberty*: *„The moral foundations for a rule of law on an international scale seem to be lacking still, and we should probably lose whatever advantages it brings within the nation if today we were to entrust any of the new powers of government to supra-national agencies."*[6]

---

3 Hayek (1945/2004), S. 202
4 Hayek (1944/2007), S. 225
5 Vgl. Sally (2000)
6 Hayek (1960/2009), S. 229

Hayek war inzwischen skeptisch, ob es in einer internationalen Organisation gelingen könne, politische Macht zu begrenzen, wenn dies nicht mal in den Nationalstaaten gelinge. Seine Hoffnungen, die er in den 30er- und 40er-Jahren noch in die Kraft föderativer Organisationen gelegt hatte, galten nun verstärkt den kleinen Ländern, die er als Oasen ansah, die der fortschreitenden Zentralisierung in Massengesellschaften standhalten.

Konkret zu den Aufgaben einer übernationalen Autorität äußert sich Hayek in *Recht, Gesetz und Freiheit*.[7] Die von einer solchen Autorität erlassenen Regeln sollen wie alle Regeln großer Gesellschaften eher abstrakten Charakter haben, sich auf allgemeine Verbote beschränken und sich nicht an spezifischen, konkreten Geboten orientieren. So solle die übernationale Autorität zu Handlungen Nein sagen können, die assoziierten Staaten schaden würden. Die meisten Dienstleistungstätigkeiten des Staates könnten hingegen auf regionale und lokale Instanzen delegiert werden, deren *„jeweilige Zwangsgewalt durch die von einer übergeordneten gesetzgebenden Instanz aufgestellten Regeln begrenzt wären".*[8]

Gleichzeitig sieht Hayek auch Mechanismen in internationalen Organisationen, die eine Zentralisierung, Umverteilung und Machtausweitung über die Interessen der Bürger hinaus begünstigen können: *„[D]ie Zentralisierung schreitet fort, nicht weil die Mehrheit der Menschen in der großen Region begierig wäre, den ärmeren Regionen Hilfsmittel zur Verfügung zu stellen, sondern weil die Mehrheit, um eine Mehrheit zu sein, die zusätzlichen Stimmen aus den Regionen benötigt, die einen Vorteil daraus ziehen, wenn sie am Reichtum der größeren Einheit teilhaben."*[9] Auch wenn Hayek nicht die europäischen Institutionen vor Augen hatte, beschreibt er damit den Mechanismus des Stimmentausches, wie wir ihn heute auch in der EU kennen.

Für unser liberales Leitbild einer europäischen Ordnung sind neben Hayeks Aussagen zu internationalen Organisationen auch seine Einsichten zur Wissensteilung und spontanen Ordnung sowie sein Verfassungsmodell relevant, die er zwar mit Blick auf die Nationalstaaten entwickelt hat, die aber auch auf die Europäische Union übertragen werden können.

Eine sich nach diesen Einsichten *von unten* dynamisch entwickelnde EU würde dem Wissensproblem und dem Subsidiaritätsprinzip entsprechend einen allgemeinen abstrakten Regelrahmen für die ausführende Staatsgewalt setzen, der diese von den anderen Staatsgewalten schärfer trennt und stärker begrenzt. Die nicht auf Einzelfälle beschränkten, universalisierbaren Regeln sind der Kern von Hayeks konstitutionenökonomischem Versuch, die Demokratie durch Gewaltentrennung und Selbstbindung der Staatsorgane mit dem Liberalismus in Einklang zu bringen.[10]

---

7 Hayek (1976/1979/2003)
8 Hayek (1979/2003) S. 439
9 Hayek (1979/2003), S. 439
10 Vgl. Herrmann (2010)

In der Verfassungsrealität der westlichen Demokratien bemängelte Hayek die stetige Vermischung der Legislative und der Exekutive, mit der auch die Unterscheidung zwischen echten, allgemeinen Regeln und einer Vielzahl von ebenfalls über Gesetze erlassenen Befehlen verschwimme. Seinen Verfassungsentwurf sieht Hayek nicht als eine Konstruktion an, die mit einem Schlag – revolutionär – die bestehende Ordnung ersetzen soll. Vielmehr sieht er darin einen Idealzustand, an dem wir uns orientieren können, um unsere Verfassung behutsam und Schritt für Schritt – evolutionär – verbessern.

Ludwig von Mises

In seinem Buch *Liberalismus* widmete Ludwig von Mises den „Vereinigten Staaten von Europa" und der paneuropäischen Idee ein eigenes Kapitel. Mises bekannte sich dort als Bewunderer der Vereinigten Staaten von Amerika und ihrem freien kapitalistischen System. Deshalb könnte man annehmen, Mises sei auch ein Anhänger der europäischen Einigungsidee gewesen, doch er zeigte eine große Skepsis gegenüber den paneuropäischen Vorstellungen seiner Zeit.

Mises' Skepsis speiste sich insbesondere aus der Vorstellung der Paneuropäer, die bis heute die Debatte über die europäische Integration bestimmen. Damals wie heute wurde argumentiert, dass die einzelnen europäischen Staaten zu klein und schwach seien, um allein im Wettbewerb mit den aufstrebenden Mächten in anderen Teilen der Welt konkurrieren zu können. Damals wie heute wurden Russland, China und die USA als Mächte genannt, mit denen Europa gleichziehen müsste. Eine europäische Einigung mit dem Ziel, Weltmachtpolitik zu betreiben, lehnte Ludwig von Mises jedoch ab.

Er kritisierte: *„Paneuropa soll größer sein als die einzelnen Staaten, die in ihm aufgehen werden, es soll mächtiger sein als diese und daher militärisch leistungsfähiger, besser geeignet, den Großstaaten England, Vereinigte Staaten von Amerika und Russland Widerstand zu leisten. An Stelle des französischen, des deutschen, des magyarischen Chauvinismus soll der europäische treten."*[11] Der Äußerung können wir übrigens entnehmen, dass Großbritannien damals in den Europakonzepten der Paneuropäer nicht als Teil der zu gründenden „Vereinigten Staaten von Europa" gesehen wurde.

Als gefährlich und widersinnig empfand er besonders die Idee einer *„Schutzzollpolitik der europäischen Staaten"*.[12] Das Ziel des Abbaus von Zollgrenzen zwischen den Nationalstaaten begrüßte von Mises aus ganzer Überzeugung, aber an ihre Stelle dürften keine neuen europäischen Außenzölle treten. Man könne die „nationalistische Absperrungspolitik" nicht

---

11 Mises (1927/2006), S. 128
12 Mises (1927/2006), S. 126

dadurch überwinden, dass „*man an ihre Stelle die Absperrungspolitik eines größeren Staatsgebildes, das verschiedene Völker zu einer politischen Einheit zusammenfasst, setzt*".[13]

Ludwig von Mises glaubte auch nicht daran, dass ein Zusammenschluss der europäischen Völker zu einem europäischen Großstaat erfolgreich sein könnte. Das „*nationale Bewusstsein*" sah er als Ergebnis historischer Entwicklungen an. Dagegen sei Europa ein rein geographischer Begriff, der nicht dieselben Emotionen wecke. Der Fehler der „*gutgemeinten Entwürfe*" für die Vereinigten Staaten von Europa sei, dass dieser Umstand ignoriert werde.[14] Statt auf „*Unionsstaaten*" setzte von Mises auf das Selbstbestimmungsrecht und den „*Willen der Staatsbürger*". Sollten die Staatsgrenzen nicht mehr den Wünschen der Bürger entsprechen, müsste es möglich sein, diese friedlich durch Volksabstimmungen zu ändern.[15]

Das heißt, der Abbau von Zollschranken und Handelshindernissen in der Europäischen Union wäre demnach zu begrüßen. Die Errichtung von Außenzöllen nach der Gründung der EWG und die Schaffung anderer Handelshindernisse und die Subventionierung bestimmter Branchen ist hingegen abzulehnen.

Die Gründung einer politischen Union mit dem Ziel, in einen geopolitischen Wettbewerb mit den USA, China oder Russland zu treten, ist nicht im Sinne von Ludwig von Mises. Den Nationalstaat durch einen europäischen „*Unionsstaat*" zu ersetzen, wäre nicht als Fortschritt zu werten. Ludwig von Mises würde sowohl das Recht der Briten, die EU zu verlassen, als auch das der Schotten, Katalanen, Basken oder Korsen, ihren Staatsverband zu verlassen, wenn das durch eine demokratische Mehrheit in einer Volksabstimmung entschieden würde, gutheißen.

In Anlehnung an Mises wird die Verankerung des Sezessionsrechts von Liberalen oft als Instrument gesehen, um die Diskriminierung eines Gliedstaates oder Landesteiles durch die Bundesebene zu verhindern. So schreibt etwa Detmar Doering in seinem Aufsatz *Friedlicher Austritt? Braucht die EU ein Sezessionsrecht?*: „*Will die Union ihren Gliedstaat ‚behalten', kann sie nun gezwungen werden, die ganze ‚Systemfrage' zu diskutieren, d.h. daher das ganze Strukturproblem aktiv anzupacken.*"[16]

Das Sezessionsrecht könne, so Doering, zur Verteidigung von Minderheiteninteressen gegen die Zumutungen der Mehrheit verwendet werden. Damit werde auch zugleich der Anreiz für die Unionsebene gesetzt, das „*unkontrollierte Anwachsen ökonomischer und rechtlicher Diskriminierungen zu unterbinden. Dort weiß man nun, dass ein allzu großes Übergehen*

---

13 Mises (1927/2006), S. 129
14 Mises (1927/2006), S. 129
15 Mises (1927/2006), S. 129
16 Doering (2002), S. 28

von Gerechtigkeitserwägungen mit der Gefahr des realen Machtverlustes verbunden ist. Es mag paradox klingen, aber gerade die gesetzlich verankerte Möglichkeit, den Austritt aus der Union zu erklären, könnte dazu führen, dass die Einheit der Union gestärkt wird. Ein konstitutionelles Sezessionsrecht würde die Ursachen für eine tatsächliche Sezession, die meist in einem Zuviel an Zentralismus und Umverteilung zu suchen sind, an der Wurzel packen."[17]

Walter Eucken

Walter Eucken fragte nach dem Zweiten Weltkrieg in seinen *Grundsätzen der Wirtschaftspolitik*, ob es überhaupt möglich sei, einen „neuen gesellschaftlichen Organismus in Europa"[18] entstehen zu lassen. Denn die Frage nach der Wirtschaftsordnung stand für Eucken in engem Zusammenhang mit der Frage nach der Ordnung der Gesellschaft, des Staates oder des Rechtes. Die Ordnungen stehen in einer wechselseitigen Abhängigkeit, einer Interdependenz. Eine freiheitliche Wirtschaftsordnung beruht auf bzw. bedingt daher auch einen freiheitlichen Staatsaufbau mit garantierten Grundrechten.

Auf dieser Einsicht bauen Euckens Grundsätze der Wirtschaftspolitik für eine funktionsfähige und menschenwürdige Wettbewerbsordnung auf, die er noch, mangels Adressaten auf

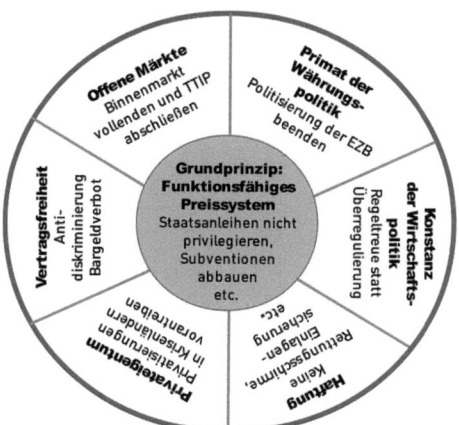

[17] Doering (2002), S. 28
[18] Eucken (1952/1959), S. 124

internationaler Ebene, an den Nationalstaat richtete. Wenden wir diese Grundsätze auf die heutige Europäische Union an, ergeben sich konkrete Handlungsempfehlungen.

Zunächst müsste die EZB ihre Staatsfinanzierung beenden (**Primat der Währungspolitik**), die Haftungsvergemeinschaftung im Bankensektor und in der Eurozone müsste gestoppt werden (**Haftung**) sowie der Binnenmarkt etwa im Dienstleistungssektor vollendet, das Dublin-System gestärkt und das Freihandelsabkommen mit den USA abgeschlossen werden (**offene Märkte**). Sowohl national als auch europäisch sollten willkürliche und wenig durchdachte Eingriffe in die Märkte, von der Mietpreisbremse über Bargeldeinschränkungen bis zum Verbot von Plastiktüten und Ölkännchen, vermieden werden (**Vertragsfreiheit, Privateigentum und Konstanz der Wirtschaftspolitik**).

Eine EU im Euckenschen Sinne müsste eine grundsätzliche Aufgabenkritik vornehmen und dabei alles hinterfragen, was einer funktionierenden Wettbewerbsordnung und einem **funktionsfähigen Preissystem** nicht dienlich ist.

Zudem hätte Eucken vermutlich den Einfluss der Interessengruppen in Brüssel kritisiert. Eucken sah die Gefahr sowohl wirtschaftlicher als auch politischer Macht. Um letztere zu beschränken, sollte die Politik von Prinzipien geleitet und an Regeln gebunden werden.

Ludwig Erhard

Ludwig Erhard sah vor der Gründung der Montanunion sowie der Europäischen Wirtschaftsgemeinschaft (EWG) das liberale Potential europäischer Föderationen deutlich skeptischer als Hayek. Er hatte Bedenken, dass sich der französische Geist und zentralistische Tendenzen durchsetzen. Zudem fürchtete er, dass die Integration von nur wenigen Ländern Westeuropas zu einer *„Insel der Desintegration"*[19] führen und zu einer Blockbildung innerhalb der westlichen Welt beitragen könnte.

Statt der EWG bevorzugte Erhard eine große Freihandelszone mit allen Ländern der westlichen Welt mit frei konvertiblen Währungen und voller Freizügigkeit für Personen, Waren, Dienstleistungen und Kapital. Großbritannien sollte ausdrücklich Teil dieser Freihandelszone sein. Den Vorstoß Großbritanniens im Jahr 1956, den gemeinsamen Markt der sechs Montanunions-Länder durch die Freihandelszone der OEEC-Staaten zu erweitern, nannte Erhard *„hochbedeutsam"*.[20] In jedem Fall wollte Erhard eine Spaltung des freien Europa in EWG und EFTA verhindern. In der EWG sah er allenfalls einen Schritt hin zu einer umfassenden Integration.

---

19 Erhard (1964/2009), S. 340
20 Erhard (1964/2009), S. 340

Diese umfassende Integration bestand für Erhard nicht in einer Angleichung der Unterschiede oder in einer umfassenden Harmonisierung, sondern in der Etablierung eines freiheitlichen Wettbewerbs ohne staatliche Manipulation. Den einzigen gangbaren Weg sah er darin, *„in allen Fragen des Waren- und Dienstleistungsverkehrs, des Geld- und Kapitalverkehrs, der Behandlung der Zollpolitik und hinsichtlich der Freizügigkeit der Menschen in raschen Fortschritt zu gelangen und auf dem Wege dorthin auf alle staatlichen Manipulationen zu verzichten, die diesen Prinzipien zuwiderlaufen"*[21]. Wer danach handelt, ist für Erhard ein guter Europäer.

Erhard lobte ausdrücklich die Erfolge der Europäischen Zahlungsunion und der freien Konvertibilität der Währungen, die aus seiner Sicht entscheidend dazu beitrug, die Wirtschaftsbeziehungen in Europa in den 50er-Jahren zu beleben. Allerdings sah er ein Problem, welches heute in ähnlicher Form in der Währungsunion zu beobachten ist: *„Kein europäischer Staat ist bereit, sich allgemein verbindlichen Richtlinien zu unterwerfen. Die Europäische Zahlungsunion kann bestenfalls Empfehlungen geben, aber sie kann diese Empfehlungen nicht einmal bis zur Tat im nationalen Raum durchsetzen."*[22] *Die EZU kranke daran, dass die beteiligten Volkswirtschaften „nicht mit bindender Kraft zu einem geordneten wirtschaftlichen und finanziellen Verhalten im Sinne der inneren Stabilität ihrer Volkswirtschaften veranlasst oder gezwungen werden können".*[23]

Wilhelm Röpke

Röpke betrachtete die europäische Frage als überzeugter Freihändler, Föderalist und Freund Großbritanniens. Als **Föderalist** sprach er sich für eine möglichst große Kompetenzverlagerung auf die kommunale Ebene aus. Ihm schwebte eine lockere und das *„nationale Eigenleben schonende"*[24] Föderation nach Vorbild der Schweiz vor. Dabei war ihm klar, dass eine gewachsene politische Ordnung wie in der Schweiz nicht einfach von oben verordnet werden kann.

Röpke beklagte, dass die Schweiz *„langsam und organisch gewachsen ist und auch nur auf einem bestimmten und geduldig angereicherten Humus menschlicher Beziehungen und geschichtlicher Überlieferungen wachsen kann"* und Föderalismus mehr ist als eine bloße *„Verwaltungstechnik"*[25]. Im Jahr 1945 sagte er daher voraus, dass man die *„ungeheure Aufgabe einer nicht-imperialen Staatengemeinschaft nur in geographischen und zeitlichen Etappen werde erreichen können".*[26]

---

21 Erhard (1964/2009), S. 332
22 Erhard (1964/2009), S. 335
23 Erhard (1964/2009), S. 335
24 Röpke (1951/2009), S. 233
25 Röpke (1951/2009), S. 228
26 Röpke (1945), S. 63

Als geeignete Form sah er eine europäische Föderation, bei der „*Großbritannien das Bindeglied zwischen Europa und der überseeischen Welt darstellen und möglicherweise in der europäischen Föderation eine gewisse Führerstellung einnehmen könnte*"[27]. Immer wieder warnte Röpke davor, Europa in eine starre Form zu pressen. Alles Zentralistische sei „*Verrat und Vergewaltigung Europas*"[28]. In Anlehnung an Augustinus bezeichnete Röpke große Imperien als „*organisierte Räuberbanden*". Damit ein europäischer Föderalismus gelingen könne, müssten bereits die „*einzelnen europäischen Nationen vom Geiste eines echten Föderalismus erfasst*"[29] sein und ihm nachleben.

Röpke hielt ein gewisses Maß an europäischem Gemeinschaftsgefühl für eine europäische Föderation für förderlich, insofern damit nicht übertrieben würde. 1945 erkennt Röpke noch ein solches neues Gemeinschaftsgefühl, welches „*aus gemeinsamen Leiden und Kämpfen gekeimt ist*"[30]. Scharf wendet sich Röpke aber gegen jene Gefühlseuropäer, die es in Deutschland verbreitet in politische Verantwortung geschafft haben, und die im Kontrast zu eher vernunftorientierten britischen Politikern stehen.

Als **Freihändler** trauerte Röpke dem multilateralen System der Weltwirtschaft nach, welches – wenn auch mit zunehmenden Einschränkungen – bis 1914 um den Kern Großbritannien existierte.[31] Mit Sorge sah er, wie zwangsweise multilaterale in bilaterale Beziehungen verwandelt wurden, da solche Beziehungen leichter zu kanalisieren seien. Die Befreiung der internationalen Güter- und Kapitalbewegungen sah er als dringendes Gebot, während zur „*Beschränkung der internationalen Menschenbewegungen gewisse grundsätzliche Sonderrechte zuzugestehen*" seien.[32]

Dieser Sicht folgend sah Röpke die europäische Einigung zwiespältig. Der europäische Binnenmarkt hatte für ihn nach innen eine befreiende Wirkung. Nach außen sah er aber die Gefahr einer Abschließung. Insgesamt kam es ihm darauf an, „*ob und unter welchen Umständen der Befreiungseffekt den Abschließungseffekt*"[33] überwiege. Insbesondere mit Blick auf Großbritannien warnte er vor einer Spaltung Europas durch die EWG. Das Prinzip der regionalen Blockbildung lehnte Röpke ab und forderte eine Erweiterung des römischen Sextetts um eine große Freihandelszone (mit den OEEC-Ländern).

---

27 Röpke (1945), S. 63
28 Röpke (1961/1964), S. 301
29 Röpke (1948/2009), S. 216
30 Röpke (1945), S. 58
31 Vgl. Röpke (1945), S. 168
32 Röpke (1945), S. 160. Die Beschränkung der Zuwanderung sah Röpke u.a. deshalb als gerechtfertigt an, da jedes Land das Recht haben müsse, „*seine geistige und politische Tradition vor einem Zustrom von Einwanderern zu schützen, die sie durch Assimilationsunfähigkeit oder schon durch ihre bloße Masse in Frage stellen könnten*". (Röpke 1945, S. 155)
33 Röpke (1952)

Als **Freund Großbritanniens** sieht Röpke England als das beste Beispiel für das Prinzip „Einheit in Verschiedenheit" an, „denn seine Eigenart ist ebenso auffallend, wie seine Zugehörigkeit zu ‚Europa' unbestreitbar ist. *England hat sogar die außerordentlichsten Beiträge zu dem Werk der Geschichte geleistet, aus dem Europa hervorgegangen ist.*"

Röpke schreibt weiter: „*In seiner einzigartigen Doppelstellung als eines Teiles von Europa, der zugleich von ihm durch eine Meerenge von welthistorischer Bedeutung getrennt ist, hat es in der geistigen, politischen und wirtschaftlichen Entwicklung der europäischen Kultur eine immense, überhaupt nicht wegzudenkende und durch kein anderes Land zu ersetzende Rolle gespielt.*"[34]

England und seiner Lage sei es laut Röpke zu verdanken, dass Europa von jeder kontinentalen Despotie bewahrt geblieben sei und sich so als Einheit in der Vielheit habe entfalten können. Die britische Politik „*der wechselnden Allianzen, der kühlen Reserve, der ständigen Umlagerung der außenpolitischen Gewichte*"[35] habe einen unverdient schlechten Ruf erlangt.

Umso notwendiger sei es, anzuerkennen, „*dass dies das Mittel gewesen ist, mit dem Europa als Einheit der Vielheit erhalten worden ist. Und umso dringender ist die Forderung zu stellen, nachdem diese Epoche der Geschichte abgeschlossen ist, sich selber als Teil Europas fühlt und als solcher von den sich politisch und wirtschaftlich zusammenschließenden Staaten des Kontinents anerkannt wird. Nur muss diese Assoziierung Englands in einer lockeren Form geschehen, die einer besonderen Lage am Rande des Kontinents, als Zentrum der einen so großen Teil des ‚Europa in Übersee' ausmachenden angelsächsischen Welt und als politisches und wirtschaftliches Bindeglied zwischen Europa und den übrigen Erdteilen Rechnung trägt. Eine Organisierung Europas, die England ausstößt, ist ein Akt europäischer Selbstverstümmelung, der nicht streng genug verurteilt werden kann*"[36].

Ralf Dahrendorf

Als EU-Politiker hat sich Ralf Dahrendorf sehr konkret zur Entwicklung der europäischen Institutionen geäußert und als halber Brite ebenso konkret zur Rolle Großbritanniens. 1971 schrieb er unter einem Pseudonym in der Zeit: „*Das EWG-Europa, dem Großbritannien nun endlich und unter so großen Mühen beizutreten sich anschickt, geht dahin. Es wird gewiss noch einige Zeit dauern. Die Institutionen gehen bekanntlich an ihren Siegen zugrunde; mit ihren Schwächen können sie lange leben. Dieses Erste Europa kann es nicht.*

---

34 Röpke (1958/2009), S. 244
35 Röpke (1958/2009), S. 244
36 Röpke (1958/2009), S. 244

Um die gemeinsame Ausübung der Souveränität durch die mittleren und kleineren Staaten des freien Europa politisch wirksam und überzeugend zu machen, brauchen wir sicher auch so vorzügliche Eigenschaften wie Beharrlichkeit, Humor und Realismus. Aber wichtiger noch sind gegenwärtig der britische Sinn dafür, die Dinge beim Namen zu nennen, und Großbritanniens unbestechliche demokratische Tradition. Mit Großbritannien kann nun ein Europa geschaffen werden, das bleibt."[37]

Nach dem Ersten Europa begann in den 1970er-Jahren für Dahrendorf das Zweite Europa, welches in Folge der zusätzlichen Kompetenzen der EWG und dem neu eingeführten Eigenmittelsystem durch zunehmende Unsicherheit und Konfusion geprägt gewesen sei. Diesem Europa sollte ein Drittes Europa folgen, das Dahrendorf 1979 in einer Vorlesung in Florenz beschrieb.

Er verteidigte das Kirschenpicken, das der britischen Europapolitik immer wieder vorgeworfen wurde. Gerade für Liberale sei es etwas Positives, Wahlmöglichkeiten zu haben. Der Europäischen Gemeinschaft attestierte er einen Hang zum Masochismus, wenn jede Maßnahme auf europäischer Ebene irgendjemandem schaden müsse oder dieser jemand zu seinem Glück gezwungen werden müsse. Zwar gestand auch Dahrendorf zu, dass gewisse Entscheidungen für alle Mitglieder bindend sein müssten.

Doch es müssten eben Entscheidungen sein: *„[I]t must be possible for politicians to set ceilings, discuss priorities and thus express interests. A customs union requires a common commitment; though it does not require measures of harmonization the economic importance of which is marginal while the psychological damage is considerable. Above and beyond a short list of common and genuinely political decisions, however, there is wide scope for action à la carte."*[38]

Gerade die Flexibilität, einzelnen Bereichen der Europäischen Gemeinschaft bei- und austreten zu können, war für Dahrendorf eine Möglichkeit, mehr Länder in den europäischen Integrationsprozess einzubinden: *„Europe à la carte, that is common policies where there are common interests without any constraint on those who cannot, at a given point in time, join them, must become the rule rather than the exception, if European union is not to get stuck in a mixture of incomprehensible technicalities, systematic cheating on the part of some, demands for exceptions which destroy overly complex systems, and a sense of frustration and misery all around."*[39]

---

37 Dahrendorf (1971)
38 Dahrendorf (1979)
39 Dahrendorf (1979)

James M. Buchanan

Auch Buchanan ist ein überzeugter Föderalist, der wie Röpke und Hayek viele Sympathien für das Schweizer Modell hat. Dabei sieht er Föderationen weniger als effizienzsteigernde denn als freiheitsbewahrende Institutionen an. Es geht ihm eben nicht um eine Ordnung, die die Menschen in eine vermeintlich „richtige" Richtung lenkt, sondern um eine Ordnung, in der Konflikte minimiert und die Rechte des Einzelnen geschützt werden.[40]

Eine Ordnung, die sich im Wettbewerb mit anderen Regeln durchsetzt. Damit der Regelwettbewerb funktionieren kann, ist die Möglichkeit eines Austritts, sowohl der einzelnen Bürger („Abstimmung mit den Füßen") als auch einzelner Staaten („Exit-Option") eine wichtige Voraussetzung. Buchanan schreibt hierzu: *„Secession, or the threat thereof, represents the only means through which the ultimate powers of the central government might be held in check. Absent the secession prospect, the federal government may, by overstepping its constitutionally assigned limits, extract surplus value from the citizenry almost at will, because there would exist no effective means of escape."*[41]

Buchanan macht ähnlich wie Hayek das Maß an optimaler Kompetenzabtretung an eine Bürgergenossenschaft von der Größe dieser Genossenschaft abhängig. Je kleiner und homogener diese ist, umso erfolgreicher und weitreichender könne ein auf dem Konsens der Bürger beruhender Gesellschaftsvertrag ausfallen und umso kleiner seien die Kosten für einen *„calculus of consent"* nach Buchanan und Tullock (1962). Denn in kleinen, homogenen Gruppen ist es kostengünstiger, zu einer Entscheidung zu kommen (Entscheidungsfindungskosten) als in großen, heterogenen Gruppen. Zudem ist in kleinen, homogenen Gruppen die Wahrscheinlichkeit geringer, überstimmt zu werden, weshalb die Entscheidungsduldungskosten[42] ebenfalls geringer ausfallen.

Die Größe der EU hinderte Buchanan allerdings nicht, sich nach dem Mauerfall in den 90er-Jahren wiederholt große Hoffnungen zu machen, Europa würde sich zu einem föderalen Gebilde mit einer freiheitlichen Wirtschaftsverfassung entwickeln. Ein Zurück zu den Nationalstaaten war für ihn hingegen keine Option mehr:

„I do not foresee a twenty-first-century Europe made up of autarkic nation-states as of old. Such a future is simply not in the cards."[43]

---

40 Vgl. Hentrich/Tamm (2014), S. 80
41 Buchanan (1995/2001), S. 71
42 Als Erwartungswert des Risikos, einer kollektiven Entscheidung unterworfen zu sein, die den eigenen Interessen zumindest teilweise widerspricht (vgl. Wohlgemuth 2008).
43 Buchanan (1997/2001), S. 129

Sein Optimismus erinnert an Hayek in den 30er-Jahren. Ähnlich wie Hayek betonte Buchanan die mäßigende Wirkung, die die Einbindung in eine Föderation auf das Staatshandeln bzw. den Leviathan in den einzelnen Nationen haben könnte.[44] In einem Aufsatz aus dem Jahr 1994 nimmt Buchanan Italien als Beispiel. Die italienischen Bürger, die bis zu den 90er-Jahren besonders gefährdet gewesen seien, von den nationalen politischen Institutionen und Politikern ausgebeutet zu werden, hätten ein besonderes Interesse an der europäischen Integration:

„Italians ‚need' the European federalism as an indirect constitutional means to force their own politicians to take actions that are necessary for economic viability."[45]

Klarer als Hayek stuft Buchanan seinen EU-Optimismus rückblickend als Irrtum ein, der wiederum auf zwei Irrtümer zurückzuführen sei: *„Ich glaubte, dass nach dem Zusammenbruch des Kommunismus die altmodische sozialistische Position und der planwirtschaftliche Gedanke viel mehr an Kraft verloren haben müssten, als es dann der Fall war. Andererseits nahm ich an, dass die föderale Idee derart naheliegend sei, dass es keinen großen Widerstand dagegen geben würde, insbesondere nicht von den Briten."*[46]

Doch auch wenn sich die EU nicht so entwickelte, wie es Buchanan sich erhoffte, bleibt sein Idealbild einer europäischen Ordnung bestehen. Danach darf die EU keine eigene Steuerhoheit bekommen, da dies zu einem Steuerkartell führen würde, mit dem die Nationalstaaten angestachelt durch Interessengruppen noch mehr Geld eintreiben könnten.[47] Vielmehr schlagen Buchanan und Lee zur Finanzierung der EU vor, dass die Länder einen festen und einheitlichen Prozentsatz auf ihr gesamtes Steueraufkommen zu zahlen haben. Dies mache die EU für Sonderinteressen weniger angreifbar und erhöhe die Anreize der Nationalstaaten, ihr Steueraufkommen zu reduzieren.

Buchanan schlägt konkrete Maßnahmen und Instrumente vor und kritisiert ähnlich wie Röpke jene Gefühlseuropäer, die mit wolkigen Begriffen und Zielvorstellungen weitreichendes staatliches Handeln zu legitimieren versuchen. Unbestimmte Kriterien wie „mehr Gerechtigkeit" oder „mehr Europa" könnten die durch Handlungen direkt abgeleiteten Ziele und Werte der einzelnen Bürger nicht ersetzen.

---

44 Siehe Feld (2014) für eine Übersicht über empirische Studien, die Buchanans Leviathan-These im Wesentlichen stützen, dass Föderationen einen mäßigenden Einfluss auf Regierungshandeln haben.
45 Buchanan (1997/2001), S. 129
46 Horn (2012)
47 Buchanan, Lee (1994/2001), S. 136f.

3. Das Leitbild einer flexiblen europäischen Ordnung

Wie sich zeigt, unterscheiden sich die liberalen Vordenker vor allem in ihren Erwartungen an die tatsächliche Entwicklung, wobei nicht alle Hoffnungen, aber auch nicht alle Befürchtungen eintraten. Weniger Differenzen zeigen sich bei Kriterien, die ein Leitbild für eine europäische Ordnung erfüllen muss. Die liberalen Vordenker setzen hier zwar unterschiedliche Prioritäten und Akzente, wobei sie im Grundsatz die nachfolgenden vier Kriterien alle unterstützen:

1. Für alle genannten Vordenker muss eine liberale europäische Ordnung ganz zentral offene Märkte und eine funktionsfähige Marktwirtschaft gewährleisten. Vor allem Röpke und Erhard fordern explizit die Offenheit der Märkte sowohl innerhalb der EU als auch nach außen im Verhältnis zu anderen Wirtschaftsräumen.

Offene Märkte

– *Freihandel nach innen*
– *Freihandel nach außen*

2. Mit offenen Märkten ist bereits ein großer Schritt getan, um Freiheitsrechte zu sichern und die Ausbeutung der Bürger zu begrenzen. Viel hängt darüber hinaus von der Ausgestaltung der europäischen Institutionen ab. Durch einen klug ausgestalteten Regelrahmen sollen deren Kompetenzen auf die europäische Ebene begrenzt und zudem die nationale Politik wohltuend eingehegt werden. Ersteres stellte Eucken heraus, Letzteres zunächst Hayek und später Buchanan.

Begrenzung von Macht und Ausbeutung

– *durch EU-Institutionen*
– *durch nationale Politik*
– *durch Interessengruppen*

3. Dabei steht und fällt die wohltuende Wirkung eines Regelrahmens mit der bindenden Wirkung, die von diesem auf die politisch Handelnden ausgeht. Eine europäische Ordnung begrenzt Macht und Ausbeutung besonders effektiv, wenn Regelmissachtungen effektiv sanktioniert werden und wenn zwischen den Mitgliedstaaten ein Wettbewerb um die besten Lösungen besteht. Entscheidend ist die Fähigkeit, unvorteilhafte Regelungen als solche früh zu erkennen und sie an bewährtere Regelungen anzupassen.

Regelwettbewerb und Regeltreue

– *Steuerwettbewerb*
– *Fehler erkennen und abstellen*
– *Rechtsstaatlichkeit*

4. Der Wettbewerb um die besten politischen Regeln funktioniert, wenn möglichst viele Regeln dezentral entschieden werden und eine praktikable Exit-Option besteht. Es kommt auf eine stabile Föderation an, oder mit den Worten von Kielmansegg darauf, *„dass das Subsidiaritätsprinzip nicht nur die Verfassungsrhetorik, sondern auch die Verfassungswirklichkeit bestimmt".*[48] Nur dann lassen sich das demokratische Defizit einer immer größer werdenden EU und die von Buchanan beschriebenen Entscheidungsduldungs- und Entscheidungsfindungskosten in Grenzen halten.

Subsidiarität

– *Demokratische Legitimation*
– *Entscheidungsduldungskosten begrenzen*
– *Entscheidungsfindungskosten begrenzen*

Um diese vier Kriterien zu erfüllen, sind Konzepte gefragt, die der Vielfalt Europas ebenso wie der Vielfalt der Aufgabenstellungen Rechnung tragen. Denn die Vielfalt zeichnet Europa aus. Jedes Mitgliedsland hat eine eigene Kultur und eine eigene Geschichte. Die formellen und vor allem auch informellen Institutionen sind über Jahrhunderte in ganz verschiedener Weise gewachsen. Dieses vielfältige Europa passt nicht in einen zentralistischen europäischen Bundesstaat. Aber auch eine bloße Freihandelszone hebt nicht die Potentiale, die durch eine gemeinsame Kooperation gehoben werden können.

Gefragt sind differenzierte, flexible Lösungen für unterschiedliche Bereiche. Das fängt bereits bei der Größe der EU an. Eine optimale Einheitsgröße und Zusammensetzung für alle Aufgabenstellungen gibt es nicht. Eine Mitgliederzusammensetzung, die für den Binnenmarkt noch angemessen ist, ist für die Währungsunion, aber auch für eine gemeinsame Einwanderungs- oder Agrarpolitik ungeeignet. Während der Größe eines gemeinsamen Freihandelsmarktes fast keine Grenzen gesetzt sind (womit der EU-28-Binnenmarkt eigentlich zu klein ist), ist die Größe für andere Politikbereiche klar begrenzt.[49]

Schäfer (2008) erkennt drei wichtige Konzepte der differenzierten Integration:

---

48 Kielmansegg (2015), S. 23
49 Wohlgemuth (2012)

1. Ein „*Europa der mehreren Geschwindigkeiten*", bei dem einzelne Mitglieder als Vorreiter im Integrationsprozess vorangehen und ein Aufholen der Nachzügler erwartet wird.

2. Ein „*Europa der konzentrischen Kreise*" mit einem „*Kerneuropa*", um das herum Ringe mit abnehmendem Integrationsgrad durchaus dauerhaft möglich sind.

3. Ein „*Europa à la carte*", bei dem die Mitglieder frei wählen können, an welchen Gemeinschaftsaktivitäten bzw. Clubs sie sich über eine Basis an gemeinsamen Regeln hinaus beteiligen.[50]

Diese Konzepte der differenzierten Integration werden ansatzweise bereits genutzt – der Währungsunion und dem Vertrag von Schengen zum Beispiel gehören nur ein Teil der Mitgliedstaaten an. In einigen weiteren Bereichen machen Mitgliedsländer von einer Opt-out-Option Gebrauch, etwa im Bereich der Justiz und des Inneren (Großbritannien) oder in der gemeinsamen Sicherheits- und Verteidigungspolitik (Dänemark). Der Mechanismus der sogenannten verstärkten Zusammenarbeit, bei dem eine Gruppe von Mitgliedstaaten Regelungen auf der Ebene des Sekundarrechts einführen, wird im Scheidungsrecht, beim europäischen Patent und der Finanztransaktionssteuer genutzt.

Diese einzelnen Ausbrüche aus dem Korsett der immer engeren Union waren nötig, um die Integration überhaupt noch weitertreiben zu können. Doch der Druck auf die EU wird immer größer. Einzelne Ventile reichen nicht mehr aus. Es ist eine neue, flexiblere Ordnung gefragt,

– die, Röpke und Erhard folgend, offene Märkte nach innen und außen befördert,

– die ein Sezessionsrecht im Sinne Mises stärkt,

– die nicht von der Politik von oben vorgegeben wird, sondern sich von unten „*funktional-endogen*"[51] entwickeln kann,

– die den von Buchanan und Hayek geforderten Regelwettbewerb institutionalisiert und

– die politischen wie wirtschaftlichen Machtmissbrauch im Euckenschen Sinne eingrenzt.

Eine solche flexible europäische Ordnung gleicht eher einer Konföderation als einer Föderation, eher einem Staatenbund als einem Bundesstaat und eher einem von Dahrendorf unterstützten „*Europa à la carte*" als einem „*Europa der mehreren Geschwindigkeiten*" und einem „*Europa der konzentrischen Kreise*".

---

50 Vgl. Schäfer (2008)
51 Schäfer (2008)

Letztere Konzepte sind zu starr auf eine bestimmte, politisch festgelegte Entwicklung ausgerichtet. Nur ein konsequent auf dem Clubgedanken begründetes Modell scheint flexibel genug, um der Vielfalt in Europa ebenso wie den liberalen Anforderungen gerecht zu werden. Das Grundgerüst dieses Modells besteht aus einer auf die wichtigsten inhaltlichen Funktionen beschränkten Basis, zu der sich alle Mitglieder bekennen, ergänzt durch offene, flexible und sachlich-differenzierte Integrationsclubs in anderen Politikbereichen.

Die Basis

Zu den Basis-Kompetenzen zählt aus liberaler Perspektive der Binnenmarkt mit den vier Grundfreiheiten. Es ist eine klassische supranationale Aufgabe, Markteingriffe, Beihilfen oder Subventionen zu unterbinden, die den Wettbewerb verzerren und beschränken. Alle Versuche der Mitgliedsländer, sich im Standortwettbewerb abzusetzen – sei es über ein attraktives Steuersystem oder eine gut ausgebaute Infrastruktur – sollten hingegen nicht von Brüssel aus behindert werden. Je unterschiedlicher die Rezepte und Herangehensweisen, die Ideen und Problemlösungsfähigkeiten, die Produkte und Dienstleistungen sind, mit denen die Mitgliedsländer und die europäischen Unternehmen auf den Binnenmarkt drängen, umso mehr können die Bürger von einem freien europäischen Wettbewerb profitieren.

Neben dem Binnenmarkt und dem Schutz der Grundfreiheiten kommen insbesondere solche Bereiche für die Basis in Frage, die einen öffentlichen Gut-Charakter haben oder die die Funktionsfähigkeit des Wettbewerbs verbessern können, statt ihn zu behindern. Die liberalen Vordenker würden hier unterschiedlich weitreichende Zuständigkeiten befürworten.

Während Eucken zum Schutz des Wettbewerbs weitgehende Eingriffe in die Vertragsfreiheit tolerieren würde, sähe Mises hier einen deutlich engeren Handlungsspielraum. Erhard wiederum stellte die Bedeutung der vollen Konvertibilität der Währungen heraus und würde hierzu vermutlich noch heute ein gewisses Maß an fiskalischer Kontrolle befürworten. Auch eine gemeinsame, liberale Außenhandelspolitik könnten sich die liberalen Vordenker wohl vorstellen.

Inwieweit weitere potentielle Aufgaben, etwa im Bereich des Umweltschutzes oder der Sicherheit und Verteidigung, zur Basis-EU gehören, ist schwieriger zu sagen. In jedem Fall müssten EU-Zuständigkeiten in diesen Bereichen enge Grenzen durch die strikte Anwendung des Subsidiaritätsprinzips gesetzt werden.[52]

---

52 Einen konkreten Versuch, die liberalen Prinzipien in einen Verfassungsentwurf zu überführen, hat die European Constitutional Group (ECG, siehe Bernholz u. a. 2004) gemacht.

Integrations-Clubs

Politikbereiche, bei denen es um Risikoteilung, Umverteilung und Industriepolitik geht, gehören aus liberaler Sicht nicht zu den Basis-Kompetenzen. Beispiele hierfür sind die Regionalförderung, eine gemeinsame Einlagensicherung oder die europäische Agrar- und Technologiepolitik. Diesen Politikfeldern fehlt es an einer einleuchtenden theoretischen Begründung für eine EU-Zuständigkeit.

In diesen Themengebieten sollten die Regierungen und ihre Bürger selbst entscheiden, ob sie Teil eines Integrations-Clubs werden möchten und ob sie es nach Beitritt bleiben wollen. Denn ein Merkmal der Clubs ist die Austrittstür bzw. ein geregeltes Austrittsverfahren. Wie viele Clubs mit wie vielen Mitgliedern entstehen würden, lässt sich damit weder im Vorfeld voraussagen noch auf Dauer festlegen. Eine flexible europäische Ordnung würde atmen.

Die Existenz mancher Integrations-Clubs wird vielleicht mangels Nachfrage beendet. Andere Bereiche sind nur für wenige Länder interessant. In wieder anderen wollen sehr viele Länder Mitglied werden. Wenn die Mitgliederzahl das Optimum überschreitet, können zunächst die Länder wieder austreten, deren Bürgern am wenigsten an einer Mitgliedschaft gelegen ist. Im Ergebnis werden alle Länder in Clubs Mitglied werden, in denen sie einen Mehrwert sehen.

Wer bei der gemeinsamen Außen- und Sicherheitspolitik oder der Vollendung des Binnenmarkts vorangehen will, könnte dies tun, ohne auf alle anderen warten zu müssen. Andere könnten zunächst die Funktionsfähigkeit und Problemlösungskapazität eines Clubs beobachten, um dann anhand eines konkreten, erprobten Angebots seine Bürger über einen Beitritt entscheiden zu lassen. Fehler, die bei der Konstruktion eines Clubs begangen würden, würden sichtbar und könnten ohne größere Friktionen korrigiert werden.[53]

Ergänzende Instrumente einer der Subsidiarität, Rechtsstaatlichkeit und Demokratie verpflichteten EU

Um das Grundgerüst des Club-Modells im Sinne der Prinzipien der Subsidiarität, Rechtsstaatlichkeit und demokratischer Gewaltenteilung konkret umzusetzen und sinnvoll zu ergänzen, bieten sich unter anderem folgende Instrumente und Mechanismen an:

Zur Einhaltung der Subsidiarität könnte die Idee eines **Court of Review** der European Constitutional Group (2015) aufgegriffen werden, welcher aus Richtern der höchsten nationalen Gerichte besteht, die auf Zeit entsandt werden. Der Court of Review könnte einige der quasi-judikativen Aufgaben übernehmen, die derzeit die EU-Kommission ausübt. Dies

---

53 Hesse (2014)

wäre ein erster Schritt, um die Gewalten klarer zu trennen. Als weiteren Schritt sollte die Kommission auch ihre legislativen Initiativrechte abgeben.

Es sollte zudem klargestellt werden, dass die staatliche Gewalt von den Nationalstaaten ausgeht. Diese können die europäische Ebene zwar ermächtigen, supranationale Zuständigkeiten auszuüben, die dauerhafte Herrschaft über die Verträge bleibt aber bei ihnen.[54] Konkret kann die Rolle der nationalen Parlamente gestärkt werden, indem sie die Möglichkeit haben, Vorhaben der Kern-EU abzulehnen bzw. ihnen die **rote Karte** zu zeigen.

Die rote Karte ist bei Vorhaben, die innerhalb eines Integrationsclubs beschlossen werden, weniger bedeutsam. Ihre Funktion übernimmt in den Clubs die offene Ausgangstür. Wer nicht mehr Teil eines Clubs sein will oder dessen Regeln nicht einhält, kann bzw. muss austreten. Den typischerweise vorgebrachten „Systemrelevanz"-Argumenten kann durch ein **institutionalisiertes Insolvenzverfahren** begegnet werden.

Zudem sollte **Artikel 50** als Exit-Option konkretisiert und ausgebaut werden.[55] Dazu könnte die Regelung gehören, dass jedem Staat, dessen Wählerschaft sich für den Austritt aus der Europäischen Union entscheidet, das Recht zugesprochen wird, im Europäischen Wirtschaftsraum zu verbleiben, soweit es die Regeln des EWR akzeptieren.

Zur Finanzierung der Basis-Kompetenzen könnte der Vorschlag von Buchanan aufgegriffen werden, nach dem alle Mitgliedstaaten einen festen, einheitlichen und kleinen Prozentsatz ihres Steueraufkommens beitragen. In jedem Fall sollte der EU keine eigene Steuerhoheit zugestanden werden.

Europäische Länder, deren Bürger sich gegen einen Beitritt zur Europäischen Union entschieden haben (Norwegen, Schweiz), oder die die Kriterien für einen Beitritt nicht erfüllen (z.B. die Türkei oder die Ukraine) könnten **einzelnen EU-Clubs** beitreten, ohne hierfür auch Teil der Basis-EU zu werden, oder die an die EU durch privilegierte Partnerschaft und exklusiven Zugang zum Binnenmarkt gekoppelt sind.

---

54 Vgl. hierzu Mayer u. a. (2015), die in ihrem Manifest über ein konföderales Europa auf das Lissabon-Urteil des Bundesverfassungsgerichts verweisen, wonach die Europäische Union keinen bundesstaatlichen Charakter über eines Staatenverbundes hat: *„Der Begriff des Verbundes erfasst eine enge, auf Dauer angelegte Verbindung souverän bleibender Staaten, die auf vertraglicher Grundlage öffentliche Gewalt ausübt, deren Grundordnung jedoch allein der Verfügung der Mitgliedstaaten unterliegt und in der die Völker – das heißt die staatsangehörigen Bürger – der Mitgliedstaaten die Subjekte demokratischer Legitimation bleiben."*

55 Nach dem Lissabon-Vertrag (Art. 50 EUV) hat jeder Mitgliedstaat das Recht, *„im Einklang mit seinen verfassungsrechtlichen Vorschriften"* den Austritt aus der Europäischen Union zu beschließen. Sollten die Briten mehrheitlich für den Austritt stimmen, muss dieser Beschluss nach den in den Verträgen festgelegten Verfahren dem Europäischen Rat mitgeteilt werden. Der Europäische Rat, bestehend aus den Regierungschefs der Mitgliedstaaten, ermächtigt dann die EU-Kommission zu den Verhandlungen und legt die Verhandlungslinien fest, denen die Kommission folgen muss. Diese Verhandlungen sollen innerhalb von zwei Jahren zu einem Abkommen führen, das das Verhältnis zwischen der EU und dem früheren Mitgliedstaat regelt.

Neben der EU gäbe es Raum für alternative Wirtschaftsgemeinschaften wie die EFTA, die geringere Ansprüche an ihre Mitglieder stellt und diesen einen noch größeren politischen Freiraum ermöglicht, einschließlich des Rechts, eigene Handelsabkommen zu beschließen, wie es etwa die Schweiz tut. Darüber bleibt die NATO als gemeinsames westliches Verteidigungsbündnis erhalten, andere Länder wie die Schweiz oder Österreich können hingegen ihre Neutralität aufrechterhalten oder sich innerhalb der EU stärker außen- und sicherheitspolitisch aufeinander abstimmen.

Kriterien

Das beschriebene Leitbild erfüllt die vier Kriterien, die wir aus den Ideen der liberalen Denker abgeleitet haben:

Offene Märkte zumindest nach innen bleiben gewährleistet, insofern der Binnenmarkt als zentraler Bestandteil zur Kern-EU zählt. Auch die Offenheit nach außen ist gerade mit Blick auf (bisherige) Nicht-EU-Länder in einem noch stärkeren Maße möglich, da diesen neue Integrationsmöglichkeiten geboten werden können.

Machtmissbrauch durch die EU-Institutionen wird effektiver begrenzt, da diesen ein auf expansive Ausweitung ausgelegtes Eigenleben erschwert wird und ihre legislativen und exekutiven Befugnisse beschränkt werden. Im selben Maße, wie der Entscheidungsspielraum der EU-Institutionen zurückgeht, gehen auch die Einflussmöglichkeiten von Interessengruppen zurück. Ein von Hayek befürchteter Stimmen- und Privilegientausch ergibt innerhalb einer flexiblen europäischen Ordnung weniger Sinn.

Regelwettbewerb und Regeltreue: Die Mitgliedschaft wird nur unter der Bedingung gewährt, sich auch faktisch an die gemeinsamen Regeln zu halten. Die Exit-Option ist ein Sanktionsmechanismus, mit dem die Anreize zur Regeltreue steigen. Der Vergleich der Ergebnisse von parallel entstehenden Clubs deckt Fehler auf und ermöglicht deren Korrektur. Zudem können sich Clubs nach dem Prinzip Versuch und Irrtum einer „optimalen Größe" annähern und schneller auf neue Problemlagen und geänderte Präferenzen reagieren.

Subsidiarität: Aufgrund der Freiwilligkeit kann die Schuld für politische Maßnahmen nicht mehr so leicht auf die europäische Ebene abgeschoben werden. Die Bürger entscheiden, wo sie eine Club-Mitgliedschaft befürworten und wo nicht. Das stärkt die demokratische Legitimation, das Vertrauen in die europäischen Institutionen und das Haftungsprinzip. Insgesamt sinken in einer flexiblen EU die Entscheidungsduldungs- und Entscheidungsfindungskosten, wenn alle Entscheidungen in wesentlich kleineren und homogeneren Integrationsbereichen (im Vergleich zu der EU als Ganzes) getroffen werden.[56]

---

56 Vgl. Wohlgemuth (2012) und Wohlgemuth/Brandi (2006), S. 17–18

Zwischenfazit

Eine flexible, europäische Ordnung mit einer im Wesentlichen aus dem Binnenmarkt bestehenden Basis und thematisch differenzierten Clubs entspricht am besten den europapolitischen Vorstellungen der hier vorgestellten liberalen Vordenker.

Ob die flexible europäische Ordnung insgesamt zu mehr oder weniger Europa führt, hängt von der Definition von Europa ab. Wenn sich die „Menge Europas" an der Zahl der Mitgliedsländer in der Währungsunion oder an den Machtbefugnissen der EU-Kommission bemisst, kann durchaus weniger Europa das Ergebnis sein. Wenn Europa aber als Ort der gesellschaftlichen Vielfalt und der Freiheit verstanden wird, dann führen mehr Flexibilität und mehr Freiwilligkeit auch zu mehr und nicht zu weniger Europa.

Es liegt allerdings in der Natur der flexiblen europäischen Ordnung, dass ihre genaue Ausgestaltung nicht vorhergesagt werden kann. Gerade weil sie flexibel und offen ist, gerade weil sie auf den Wettbewerb auch zwischen Systemen setzt, zeigt erst der Zeitablauf, welche Regeln und Lösungen sich durchsetzen. Dass wir aber darauf vertrauen können, dass sich im Vergleich zum Status quo geeignetere Regeln und Lösungen durchsetzen würden, darin liegt der entscheidende Vorteil der flexiblen europäischen Ordnung.

4. Die britische Vision von Europa als liberale Alternative zur politischen Union?

Das vorherrschende Modell für das Ziel der Europäischen Union war lange die politische Union, unter der ein europäischer Bundesstaat verstanden wurde. Der Weg dorthin sollte über eine „immer engere Union" geebnet werden. Dieses Europamodell ging stark von der deutsch-französischen Achse aus. Schon am Beginn der deutsch-französischen Zusammenarbeit standen mit dem Schumann-Plan und der Montanunion stark dirigistische Wirtschaftsvorstellungen.

Demgegenüber wurde die britische Europapolitik oft ausschließlich als störende Interessenpolitik zur Durchsetzung von Sonderinteressen („Britenrabatt") gesehen. Im folgenden Abschnitt soll gezeigt werden, dass Großbritannien von Anfang eine eigene Vision von Europa entwickelt hat, die mit dem hier vorgestellten liberalen Leitbild viel besser in Einklang zu bringen ist als das deutsch-französische Bundesstaatsmodell.

In Großbritannien herrschte von Anfang an eine andere Vision von Europa vor als auf dem Kontinent. Ja, es war sogar umstritten, ob Großbritannien überhaupt zu Europa dazugehöre. In Churchills berühmter Rede von 1946 zu den „Vereinigten Staaten von Europa" war Großbritannien nicht als Teil dieser „Vereinigten Staaten von Europa" vorgesehen. Als die paneuropäischen Ideen nach dem Ersten Weltkrieg sich entwickelten, war Großbritannien über sein Weltreich mit allen Teilen dieser Welt verbunden, und diese Beziehungen waren enger als zum europäischen Kontinent.

Ein weiterer wesentlicher Grund, der Großbritannien von den sechs Staaten unterschied: Großbritannien hatte niemals seine Souveränität verloren. Frankreich und die Benelux-Staaten wurden während des Zweiten Weltkrieges von Deutschland besetzt, und Deutschland und Italien wurden von den Alliierten schließlich besiegt. Großbritannien hingegen verteidigte seine Unabhängigkeit erfolgreich. Seit Wilhelm dem Eroberer besetzte keine Militärmacht mehr Großbritannien. Daraus folgte von Anfang an eine andere Sichtweise auf das europäische Integrationsprojekt als in Kontinentaleuropa.

Nach dem Zweiten Weltkrieg und dem Sieg der Alliierten über die Achsenmächte fand sich Westeuropa in einer strategisch heiklen Lage. Die sowjetischen Truppen waren bis nach Mitteleuropa vorgestoßen und über die Staaten in Mittel- und Osteuropa ging der Eiserne Vorhang nieder. Es war nicht sicher, ob die USA sich dauerhaft in Europa politisch und militärisch engagieren würden. Um Westeuropa zu stabilisieren und dem Kommunismus andere schlagkräftige Ideen entgegenzusetzen, gewannen paneuropäische Ideen an Boden.

Mit Churchills Züricher Rede von 1946 wurde dieser zum wichtigsten Förderer der europäischen Bewegungen, die in den Jahren 1947/48 wie Pilze aus dem Boden schossen. Das britische Engagement ging dabei so weit, dass gesagt wurde: „Ohne Churchill kein Europa."[57] Da Großbritanniens Engagement sich von Anfang an darauf richtete, die europäische Integration zu unterstützen, nicht aber Teil dieses Integrationsprozesses zu sein, verloren die Briten Anfang der 50er-Jahre diese Vorreiterrolle.

Im Jahr 1950 übernahm die französische Regierung die Initiative in der Europapolitik, nachdem die französische Deutschlandpolitik in eine Sackgasse geraten war. Mit dem Schumann-Plan brachte sie sich wieder in die Offensive und es gelang ihr, ihre eigene europapolitische Konzeption durchzusetzen. Mit der Montanunion entstand eine supranationale Behörde, die das Herzstück des europäischen Einigungsprozesses bilden sollte.[58]

Das war für Großbritannien aus den oben genannten Gründen unannehmbar, weshalb es sich aus der weiteren Entwicklung ausgeschlossen fand. Als sich Frankreich, Deutschland, Italien und die Benelux-Staaten 1957 schließlich mit dem Ziel einer „immer engeren Union" zur Europäischen Wirtschaftsgemeinschaft zusammenschlossen, war das mit den Zielen der britischen Europapolitik, die die nationale Souveränität wahren sollte und noch immer stark auf das Commonwealth ausgerichtet war, nicht zu vereinbaren.[59]

Großbritannien entwickelte in dieser Zeit eine eigene Vision von Europa, die vor allem den Freihandel in den Mittelpunkt stellte. Die Ideen von Adam Smith und David Ricardo blieben in Großbritannien selbst in den Zeiten der gemischten Wirtschaft und der keynesianischen Wirtschaftssteuerung präsent. Als Alternative zur EWG gründete Großbritannien im Jahr 1960 zusammen mit Dänemark, Österreich, Schweden, Portugal und der Schweiz die Europäische Freihandelszone EFTA.[60]

Großbritannien hatte argumentiert, dass eine Zollunion der EWG-Staaten den Welthandel gefährde. Stattdessen strebte Großbritannien die Gründung einer großen Freihandelszone an, die alle OEEC-Staaten (später OECD) umfassen sollte.[61] Die britische Mitgliedschaft in einer Freihandelszone hätte keine Abgabe von Souveränität erfordert und die politischen Beziehungen zum Commonwealth und zu den USA nicht gefährdet.

---

57 Brunn (2009), S. 54
58 Brunn (2009), S. 69–88
59 Brunn (2009), S. 100–129
60 Ausführlich zur Gründung der EFTA: Clemens (2008), S. 138–146
61 Der *Organization for European Economic Co-Operation* gehörten damals 16 europäische Staaten an, sie war 1948 zur Koordinierung des wirtschaftlichen Wiederaufbaus gegründet worden. Nach dem Beitritt der USA und Kanadas wurde sie 1960 zur OECD. In Großbritannien war sogar die Idee einer großen Freihandelszone zwischen den OEEC-Staaten und den Commonwealth-Staaten diskutiert worden.

Das britische Projekt einer großen Freihandelszone lief den politischen Absichten, einen europäischen Bundesstaat zu begründen, jedoch zuwider: *„Diejenigen, die die EWG wegen der politischen Integration wünschten, sahen die Gefahr, dass sich die EWG in der Freihandelszone auflöse."*[62] Italien und Frankreich wünschten außerdem den Schutz ihrer nationalen Industrien und die Förderung der Agrarindustrie. Frankreich und Italien forderten deshalb für die große Freihandelszone gemeinsame Außenzölle, Agrarsubventionen und Sozialregelungen.

Deshalb stand die Aufnahme von Verhandlungen, die im Februar 1957 aufgenommen wurden, unter schwierigen Vorzeichen. Die Verhandlungen scheiterten denn auch Ende 1958. Nach dem Scheitern setzte Großbritannien auf die Gründung einer kleinen Freihandelszone als Alternative zur EWG.[63] Das Ziel, durch die Gründung der EFTA doch noch zu einer großen Freihandelszone zu gelangen, wurde jedoch nicht erreicht, da die EWG zu einem Entgegenkommen nicht bereit war.

Das Handelsvolumen in der Freihandelszone wuchs in dieser Zeit zwar um 165 %. Die wirtschaftliche Bedeutung blieb für Großbritannien aber begrenzt, weil es allein 52 Millionen Einwohner der 90 Millionen Menschen, die im EFTA-Markt lebten, stellte. Deshalb strebte Großbritannien, wie auch andere EFTA-Mitglieder, bald selbst eine Mitgliedschaft in der EWG an.[64]

Es bleibt festzuhalten, dass Großbritanniens Ziel einer großen Freihandelszone eher den Idealen der hier vorgestellten liberalen Denker entsprach als die EWG und ihre Zollunion. Die EWG erfüllte hingegen genau die Befürchtungen, die Ludwig von Mises formuliert hatte. Sie förderte zwar den Freihandel zwischen den Mitgliedstaaten, setzte aber auf Außenzölle und Mengenbeschränkungen nach außen und flankierte das mit einer umfangreichen Subventionspolitik für die Landwirtschaft.

Dennoch stand bei dem Beitrittswunsch der Briten vor allem der Wunsch nach wirtschaftlicher Liberalisierung und verbesserten Handelsbeziehungen Pate. Vor allem die Konservativen waren Befürworter des Beitritts, weil sie sich davon eine Marktöffnung und eine Modernisierung der britischen Wirtschaft versprachen. Margaret Thatcher gehörte damals zu den engagierten Befürwortern des Beitritts zur EG.[65]

Nachdem der französische Staatspräsident Charles de Gaulle den Beitritt blockiert hatte, führte das verbesserte Verhältnis zwischen dessen Nachfolger Georges Pompidou und dem

---

62 Clemens u. a. (2008), S. 149
63 Clemens u. a. (2008), S. 142
64 Clemens u. a. (2008), S. 144
65 Zu dem Beitritt Großbritanniens zur EU ausführlich: Marr (2009), S. 326ff.

britischen Premierminister Edward Heath zu erfolgreichen Beitrittsverhandlungen. Da die Labour-Partei jedoch in dieser Frage gespalten war, überließ Heaths Nachfolger im Amt des Premierministers, der Labour-Politiker Harold Wilson, es den Briten selbst, in einem Referendum über die Mitgliedschaft zu entscheiden. Mit einer Zustimmung von 67% lag das Lager der Befürworter der EG-Mitgliedschaft klar vorne.

Was das Verhältnis zur EG belastete, war der Umstand, dass das Vereinigte Königreich mit dem Beitritt nach Deutschland zum zweitgrößten Nettozahler geworden war. Durch die Entwicklung lag es im Bereich des Möglichen, dass Großbritannien trotz eigener, schwerwiegender wirtschaftlicher Probleme zum größten Nettozahler werden konnte, da es anders als Frankreich und Deutschland kaum von den hohen Agrarsubventionen profitierte.

Vielen Briten schienen den hohen Zahlungen keine adäquaten Gegenleistungen gegenüber zu stehen. Das Problem beschäftigte die EG bis 1984, als Margaret Thatcher eine Reduktion der britischen Zahlungen erreichte, was bis heute als „Britenrabatt" bezeichnet wird. Die Lösung dieses Problems gab Großbritannien die Gelegenheit, in den folgenden Jahren eine sehr viel konstruktivere Rolle zu spielen.

Jacques Delors, der 1985 Kommissionspräsident geworden war, suchte nach einem Weg, der EG wieder ein gemeinsames Ziel zu geben. Dieses gemeinsame Ziel wurde der europäische Binnenmarkt. An dieser Stelle trafen sich die Interessen der britischen Regierung mit denen des französischen Kommissionspräsidenten. Für Margaret Thatcher war das ein zentrales Anliegen.[66] Das entsprach dem Ziel, eine große europäische Freihandelszone zu schaffen, mit denen die Briten 1958 gescheitert waren. Jetzt ließ sich dieses Ziel in einer größeren Europäischen Gemeinschaft verwirklichen: Zum 31. Dezember 1992 wurden die meisten Handelshindernisse beseitigt.

Während für Thatcher der Binnenmarkt das Ziel der Europäischen Integration war, war dieser für Delors und andere Europapolitiker auf dem Kontinent nur ein Mittel zum Zweck der Schaffung eines europäischen Bundesstaates. Der Schaffung des Binnenmarktes sollten Schritte zur Zentralisierung und Regulierung des Marktes folgen.[67]

Thatchers Hoffnung, dass mit der Schaffung eines europäischen Binnenmarktes auch die Einführung eines liberalen Wirtschaftsmodells in der Gemeinschaft verbunden sein würde, erfüllte sich nicht. Sie und andere britische Politiker sahen durch diese Entwicklung und den schleichenden Protektionismus die Rechte der nationalen Parlamente, die Marktwirtschaft und auch den internationalen Freihandel bedroht. Großbritannien sah sich einer star-

---

66 Geddes (2013), S. 69ff.
67 Geddes (2013), S. 70

ken deutsch-französischen Achse gegenüber, gegenüber der es schwer war, eigene Vorstellungen durchzusetzen.

Der Scheideweg zwischen beiden Konzepten war der Maastricht-Vertrag. Die europäische Gemeinschaftswährung sollte den Weg für die politische Integration und die Schaffung eines europäischen Bundesstaates ebnen. Für die Briten war das unannehmbar. Zusammen mit den Dänen sicherten sie sich das Recht zu, der Währungsunion fernzubleiben.

In Großbritannien selbst manifestierte sich in der Auseinandersetzung über die Verabschiedung des Vertrages der Bruch innerhalb der konservativen Partei. Thatchers Nachfolger John Major wurde zum Opfer dieser politischen Auseinandersetzung.[68] Das war ein wichtiger Beweggrund für Premierminister Cameron, wie schon sein sozialdemokratischer Vorgänger Harold Wilson erneut ein Referendum anzusetzen, um eine Spaltung innerhalb seiner eigenen Partei zu verhindern.

Die Auseinandersetzung um den Britenrabatt und der Streit um die Euroeinführung verdecken, dass Großbritannien innerhalb der Europäischen Gemeinschaft und später der Europäischen Union eine ausgesprochen konstruktive Rolle gespielt hat. Es unterstützte nicht nur das Zustandekommen des europäischen Binnenmarktes, sondern förderte auch nach Kräften die Osterweiterung der Europäischen Union nach dem Fall des Eisernen Vorhangs.

Dabei verfolgten alle Premierminister seit dem Beitritt zur Europäischen Gemeinschaft eine gemeinsame Agenda, die sich in ihren Prioritäten, aber nicht in ihrer grundsätzlichen Richtung unterschied. Diese könnte als die „britische Vision" von Europa verstanden werden. Deutlich tritt das zutage, wenn die Grundsatzerklärungen britischer Premierminister zur Europapolitik analysiert werden.

James Callaghan

Nach dem ersten Referendum über die Mitgliedschaft Großbritanniens in der Europäischen Gemeinschaft im Jahr 1975 formulierte der damalige Premierminister der Labour-Partei, James Callaghan, grundsätzliche Ziele für die britische Europapolitik.

Dazu gehörte der Erhalt der Souveränität der nationalen Regierungen und nationalen Parlamente sowie eine stärkere demokratische Kontrolle der Tätigkeit der Europäischen Gemeinschaft. Wirtschafts-, industrie- und regionalpolitische Ziele sollten vor allem auf nationaler Ebene erreicht werden.

---

68 Beschreibung des genauen Hergangs des Konfliktes innerhalb der konservativen Partei bei: Major (2010), S. 342–386

Die gemeinsame Agrarpolitik sollte reformiert werden, was nur bedeuten konnte, dass die Kosten für die Agrarpolitik zurückgeführt werden sollten. Darüber hinaus sollte im Einklang mit den nationalen Interessen eine europäische Energiepolitik formuliert werden. Großbritannien setzte sich außerdem für die Erweiterung der Europäischen Gemeinschaft und die Aufnahme weiterer Mitgliedstaaten ein.[69]

Margaret Thatcher

Am 20. September 1988 legte Margaret Thatcher die Grundprinzipien ihrer Europapolitik in einer Rede im belgischen Brügge dar. Der beste Weg, eine erfolgreiche europäische Gemeinschaft zu schaffen, sei die aktive Kooperation unabhängiger souveräner Staaten. Der Versuch, den Nationalstaat abzuschaffen und die Macht in Europa zu zentralisieren, würde die gemeinsamen Ziele gefährden. Statt Zukunftsvisionen forderte sie praktische Lösungen für die Probleme der Gegenwart.

Die Politik der Gemeinschaft müsse marktwirtschaftlich ausgestaltet sein und freies Unternehmertum fördern. Das sei auch die Rechtfertigung für den europäischen Binnenmarkt, um die Lage des Verbrauchers zu verbessern und den Einfluss des Staates zu reduzieren. Europa dürfe nicht protektionistisch werden. Größere Bewegungsfreiheit im Inneren dürfe nicht zu größerer wirtschaftlicher Abschottung nach außen führen.

In der Sicherheitspolitik sah sie nach wie vor die NATO als die wichtigste Säule der Verteidigung an, die durch eine europäische Verteidigungspolitik ergänzt und unterstützt, aber keinesfalls ersetzt werden könnte.[70]

John Major

In Anlehnung an die Rede Margaret Thatchers entwickelte John Major seine Grundsätze für die Europapolitik in einem Beitrag für den Economist am Ende des Jahres 1993. Die zentrale Aussage des Beitrags war, dass auch weiterhin die Nationalstaaten im Zentrum des Integrationsprozesses stünden. Es sei an den Nationen, Europa zu bauen und nicht an Europa, zu versuchen, die Nationalstaaten zu ersetzen.

Da die Europäische Union eine Gemeinschaft von Nationalstaaten sei, erhalte sie ihre demokratische Legitimation durch die Zustimmung der nationalen Parlamente. Die demokratisch gewählten nationalen Parlamente übertrügen ihre Legitimität auf den Europäischen Rat.

---

69 Melcher (2014), S. 101
70 Thatcher (1988)

Er forderte außerdem einen „*realistischen*" Ansatz und mehr „*Flexibilität*". Ein Europa verschiedener Geschwindigkeiten dürfe nicht so verstanden werden, dass die Staaten, die bestimmte Integrationsschritte unternähmen, gegenüber den anderen privilegiert werden sollten.[71]

Tony Blair

In seiner Warschauer Rede vom 30. Mai 2003 sprach sich Tony Blair für einen europäischen Staatenbund, „*a union of nations*", und gegen einen europäischen „*Super-Staat*" aus. Die Verteidigungspolitik und die Entscheidung über Krieg und Frieden werde weiter in der Zuständigkeit der nationalen Regierungen bleiben, ebenso die Steuerpolitik. Die Wirtschaftspolitik werde in Absprache zwischen den nationalen Regierungen koordiniert.

Blair betonte, dass in der EU alle Staaten, ob klein oder groß, alt und neu, gleich behandelt würden. Das war als eine Stellungnahme gegen ein Kerneuropa und ein Europa zweier Geschwindigkeiten zu verstehen und dafür, die neuen Staaten von Anfang an als gleichberechtigte Partner in alle Entscheidungsprozesse einzubeziehen.

Blair sprach sich außerdem für eine Verbesserung der Wettbewerbsfähigkeit, für die Liberalisierung des Energie- und Telekommunikationssektors und den Ausbau des Binnenmarktes aus. Die europäische Sicherheitspolitik sollte in die NATO und das transatlantische Bündnis eingebettet sein.[72]

David Cameron

Am 23. Januar 2013 stellte David Cameron fünf Prinzipien seiner Europapolitik vor. Cameron forderte die Verbesserung der Wettbewerbsfähigkeit durch die Vollendung des Binnenmarktes in den Bereichen Dienstleistung, Energie und digitaler Raum.

Das zweite Prinzip war das der „Flexibilität". Jedem EU-Staat sollte es freistehen, an weiteren Integrationsschritten teilzunehmen oder nicht, ohne deshalb Benachteiligungen zu erfahren.

Als drittes Prinzip stellte Cameron die Forderung auf, wieder mehr Kompetenzen auf die nationale Ebene zu verlagern. Das war verbunden mit der Forderung, die Souveränität der nationalen Parlamente zu stärken. Dabei sollte aber die Integrität des Binnenmarktes unbedingt erhalten werden.[73]

---

71 Melcher (2014), S. 132
72 Blair (2003)
73 Melcher (2014), S. 349f.

Die britische Vision von Europa

Ohne große Schwierigkeiten lässt sich aus diesen Reden und Grundsatzerklärungen von konservativen und Labour-Premierministern von den ersten Jahren nach dem Beitritt bis zur Gegenwart eine gemeinsame Linie erkennen. Diese lässt die Gemeinsamkeiten zwischen den beiden Regierungsparteien größer erscheinen als die Unterschiede.

Die Quintessenz dieser Prinzipien und Vorschläge lässt sich als die britische Idee von Europa beschreiben. Diese zielt auf einen Staatenbund, in dem die Nationalstaaten als wichtigste politische Einheit erhalten bleiben, aber eng miteinander kooperieren. Die nationalen Parlamente bleiben die Basis der demokratischen Legitimation und Kontrolle. Im Zentrum steht der Binnenmarkt, der nicht nur unbedingt erhalten, sondern in vielen Bereichen wie Dienstleistung, Energie und Digitales noch weiter ausgebaut werden soll.

Die britische Europakonzeption gab der Erweiterung grundsätzlich den Vorzug vor der Vertiefung. Grundsätzlich galt das Prinzip größer und lockerer statt kleiner und enger. Die größere Union sollte sich auch nicht um ein Kerneuropa gliedern, sondern alle Staaten sollten gleichberechtigt bleiben. Das schließt aber keineswegs aus, dass einige Staaten in bestimmten Bereichen enger kooperieren als andere.

Die britische Idee von Europa lehnt einen europäischen Protektionismus ab und bevorzugt den Freihandel. Die Europäische Union erscheint daher nicht als klar abgegrenzter Raum, sondern als ein System sich überschneidender Kreise. Dem entspricht auch die britische Vorstellung einer europäischen Außen- und Verteidigungspolitik. Innerhalb der EU bleiben die Nationalstaaten souverän und entscheiden selbstständig über den Einsatz ihrer Streitkräfte. Gleichzeitig soll die Kooperation jedoch zwischen den europäischen Staaten in sicherheitspolitischen Fragen intensiviert werden. Das allerdings nicht als Gegengewicht, sondern als Ergänzung und Stärkung der NATO und im Rahmen des transatlantischen Bündnisses.

Liberales Leitbild und die britische Vision von Europa

Zwischen dem britischen Ansatz und dem liberalen Leitbild besteht eine Beziehung, die sich aus einer gemeinsamen ideengeschichtlichen Wurzel speist. Denker wie John Locke, David Hume, Adam Smith, David Ricardo, Jeremy Bentham und John Stuart Mill waren Vordenker des modernen Liberalismus und prägten zugleich das britische Denken. England war im 19. Jahrhundert ein Vorbild für die preußischen Reformer und die deutschen Liberalen. Stein und Hardenberg studierten die Schriften Adam Smiths. Freihandel war der große gemeinsame Nenner zwischen den Liberalen verschiedener Länder.

Dass es zwischen den britischen Vorstellungen, wie Europa politisch und ökonomisch gestaltet sein sollte, und dem liberalen Leitbild für Europa viele Gemeinsamkeiten gibt, ist also nicht erstaunlich.

Offene Märkte

Das Einstehen für offene Märkte ist der wichtigste gemeinsame Nenner zwischen Liberalen und der britischen Europapolitik. Für die britische Europapolitik standen der freie Handel innerhalb Europas und der freie Handel Europas mit der Welt immer im Vordergrund. Man kann sagen, dass der Handel der eigentliche Zweck ist, den die britische Europapolitik der Europäischen Union beimisst. Aus diesem Umstand ergab sich das Bemühen Großbritanniens, einen umfangreichen und lockeren Zusammenschluss zu erwirken.

Großbritannien hat sich innerhalb der Europäischen Union für den Ausbau des Binnenmarktes stark gemacht und kontinuierlich die Forderung nach der Ausweitung des Wettbewerbs auch in anderen Bereichen verlauten lassen, etwa für einen freien Wettbewerb für Dienstleistungen, eine Kapitalmarktunion, einen gemeinsamen Energiemarkt. Die britische Vision von Europa und das liberale Leitbild sind hier weitgehend deckungsgleich.

Begrenzung von Macht und Ausbeutung

Ambivalenter sieht es mit dem zweiten Pfeiler der britischen Europapolitik aus, dem Erhalt der nationalen Souveränität. Viele Liberale wie von Mises und Buchanan sahen im Nationalstaat durchaus Fehlentwicklungen begründet und hofften auf eine föderale Ordnung in Europa, verbunden mit einer freiheitlichen Wirtschaftsverfassung.

Die britische Europapolitik wollte die nationalen Institutionen und ihre Kompetenzen erhalten und auch weiterhin für die zentralen Entscheidungen, die die Bürger direkt betreffen, verantwortlich sein. Das aus der Erkenntnis heraus, dass die Kontrolle der Regierungen durch nationale Parlamente immer noch besser funktioniert als durch das Europaparlament oder durch die Selbstkontrolle der europäischen Institutionen. Hier treffen sich die britische Vision eines Europas souveräner Staaten und das liberale Leitbild von der Kontrolle der politischen Macht.

Regelwettbewerb und Regeltreue

Die Briten setzten in der EU auf ein „Europa à la carte", in dem Euroländer und Nicht-Euroländer, Mitglieder des Schengen-Raums und Nichtmitglieder des Schengen-Raums dauerhaft nebeneinander existieren. Auch sollen weitere Integrationsschritte freiwillig erfolgen durch die Staaten, die eine Vertiefung wünschen, ohne dass die Staaten, die diese nicht vollziehen, deshalb benachteiligt werden.

Damit würde die EU zu einer Gemeinschaft verschiedener Clubs auf der Basis des gemeinsamen Binnenmarktes. Das erlaubt einen Regelwettbewerb um die beste Lösung für die aktuellen Probleme, wie es das liberale Leitbild vorsieht.

Subsidiarität

Das britische Beharren auf Souveränität ist ein Gegengewicht zur eindeutig vorhandenen Tendenz zum Zentralismus in der EU, die von den Liberalen ziemlich einhellig abgelehnt wird. Zudem tritt der britische Nationalstaat heute in einer Weise auf, die die liberalen Kritiker des Nationalstaates milde gestimmt hätte. Großbritannien achtet heute in weit stärkerem Maße, als das früher der Fall war, das Prinzip der Subsidiarität auch im Inneren.

Einzelne Landesteile wie Schottland, Nordirland und Wales besitzen ein größeres Maß an Autonomie. Im Fall Schottlands hat das Vereinigte Königreich diesem sogar die Möglichkeit gegeben, in einem Referendum über den Verbleib im Staatsverband abzustimmen, so wie es etwa Ludwig von Mises gefordert hatte.

Zwischenfazit

Das spricht dafür, dass es aus liberaler Perspektive wünschenswert ist, dass Großbritannien in der EU verbleibt, weil anderenfalls das liberale Leitbild seinen stärksten Fürsprecher verlieren würde. Allerdings bleibt offen, welche Chance das Vereinigte Königreich besitzt, innerhalb der EU Schritte auf dem Weg zu diesem Leitbild tatsächlich durchzusetzen und ob es auch außerhalb der EU Möglichkeiten gibt, Europa insgesamt offener, liberaler und marktwirtschaftlicher zu machen.

5. Die immer engere Union in der Krise

Die EU ist ein Versprechen, das in Teilen auch hält. Die liberale Kraft einer europäischen Föderation – an die Hayek und Buchanan glaubten – zeigt sich im Binnenmarkt. Er ist eine Erfolgsgeschichte, die täglich Wohlstand fördert. Die europäischen Rechtsgrundsätze und die Grundfreiheiten von Kommission und Gerichtshof wären in den Mitgliedstaaten vermutlich nicht so ordnungspolitisch konsequent durchgesetzt worden. Erst mit dem Druck aus der EU konnten in vielen Ländern Staatsmonopole im Telekommunikations-, Finanz- oder Energiebereich aufgebrochen werden. Die Mitgliedsländer der Europäischen Union gehören zu den reichsten Ländern, die EU-Bürger zu den glücklichsten Menschen weltweit. Noch immer vertrauen viele Menschen der EU und ihren Institutionen, auch wenn die Unterschiede zwischen den Mitgliedstaaten beträchtlich sind.[74]

Das Problem der EU ist insgesamt weniger das Niveau als die Entwicklung. Noch leben in der EU etwa 7 % der Weltbevölkerung. Sie erwirtschaften – mit sinkender Tendenz – ein Viertel der Weltwirtschaftsleistung, leisten sich aber etwa 50 % der weltweiten Sozialausgaben, in diesem Fall mit steigender Tendenz. Die Arbeitslosigkeit verharrt in vielen Ländern auf einem Rekordniveau. Der durchschnittliche Schuldenstand hat sich längst weit vom 60 %-Maastricht-Kriterium entfernt. Die Wahlbeteiligung an den Europawahlen 2014 von 42,5 % spiegelt kein großes Zutrauen in das Europäische Parlament wider. Dabei wurden die Zuständigkeiten des Europäischen Parlaments eigentlich eigens vermehrt und mit Juncker und Schulz zwei Spitzenkandidaten aufgestellt. Auch in Referenden, zuletzt im Niederländischen Referendum über das Assoziierungsabkommen mit der Ukraine, drückt sich regelmäßig eine EU-kritische Haltung aus.

An Zielen und Strategien mangelt es der EU nicht. Im Jahr 2000 setzten sich die Staats- und Regierungschefs zum Ziel, die EU innerhalb von zehn Jahren zum wettbewerbsfähigsten und dynamischsten Wirtschaftsraum der Welt zu machen. Nachdem die Kernziele im Jahr 2010 allesamt deutlich verfehlt wurden, wurden sie mit dem Programm „Europa 2020" kurzerhand weitgehend fortgeschrieben. Doch die Ziele werden aller Voraussicht nach erneut um Längen verfehlt werden. Vom Ziel, die Erwerbsbeteiligung auf 70 % zu erhöhen, entfernte sich die EU in den ersten Jahren des Jahrzehnts eher. Die Forschungsausgaben werden in vielen Ländern gekürzt und nicht wie gewünscht dem 3 %-des-BIP-Ziel angenähert.

---

74 Einer Umfrage des amerikanischen Meinungsforschungsinstituts Pew im Frühjahr 2015 in den sechs größten EU-Mitgliedstaaten (Deutschland, Großbritannien, Frankreich, Italien, Spanien und Polen) zufolge haben 61 % der Befragten eine positive Meinung von der EU. Das italienische Forschungsinstitut Demos & Pi fragte im Januar 2015 in den gleichen sechs Ländern, ob die Bürger der EU noch vertrauen. Danach hat nur noch in Deutschland eine knappe Mehrheit von 53 % Vertrauen in die EU. In Frankreich (43 %), Polen (42,1 %), Spanien (40,5 %), Großbritannien (28 %) und Italien (27,4 %) sind es nur noch Minderheiten.

Und die Zahl der von Armut bedrohten Menschen stieg in den letzten Jahren an, obwohl sie sich eigentlich bis 2020 um 20 Millionen verringern sollte.

Die Zielverfehlungen sind das eine Problem. Dass überhaupt solche quantitativen Ziele gesetzt und dann in teils planwirtschaftlicher, konstruktivistischer Manier erreicht werden sollen, ist das andere. Die EU-Institutionen überschätzen die Möglichkeiten des Makro-Managements und überdehnen ihr Mandat. Arbeitsplätze und wettbewerbsfähige Strukturen lassen sich nicht verordnen, auch wenn es in Brüssel immer wieder aufs Neue probiert wird. An vielen Stellen hat sich – weitgehend unbegleitet von nationalen Parlamenten und kritischen Medien – eine Eigendynamik in Gang gesetzt, an deren Ende zusätzliche Zuständigkeiten für EU-Institutionen und Eingriffe in den Markt stehen.

Der klassische Integrationsweg

Dabei sind zwei Wege zu unterscheiden, über die sich diese Dynamik entfaltet. Der klassische Weg führt über komplizierte, teils undurchsichtige Verhandlungen zwischen Kommission, Parlament und Rat, er führt über Verträge, Richtlinien, Verordnungen und eine nachgelagerte Regulierung durch die EU-Kommission. Am Ende dieser geplanten Integration stehen meist ambivalente Ergebnisse aus mehr gemeinsamem Markt und öffentlichen Gütern auf der einen Seite und Marktinterventionen und Umverteilung auf der anderen Seite.

Nach dem Kriterium der offenen Märkte funktioniert dieser Weg oft recht gut, zumindest nach innen. Problematischer sieht es aber bei den Kriterien Regelwettbewerb, Subsidiarität, Effizienz und Begrenzung von Macht aus. Denn die EU entwickelt sich regelmäßig nur in eine Richtung: mehr Europa im Sinne von mehr Harmonisierung der Regeln und mehr Zuständigkeiten für die EU-Institutionen.

Der klassische Integrationsweg führt – zwar mit vereinzelten Ausbrüchen und Rückschlägen – zielsicher auf eine immer engere Union. Fehlerkorrekturen sind ebenso wenig vorgesehen wie nachträgliche Austritte einzelner Mitgliedstaaten etwa aus der Währungsunion. Mitgefangen, mitgehangen. Immer mehr Zuständigkeiten sind so im Laufe der Jahre von den Nationalstaaten auf die EU-Ebene übergegangen. Die zunehmende Umstellung von Einstimmigkeits- zu Mehrheitsvoten hat diese Kompetenzverlagerungen erleichtert und damit die Zentralisierung noch forciert.

Für private und staatliche Interessengruppen bietet der klassische Integrationsweg ein lohnenswertes Betätigungsfeld. Es ist dabei in vielen Fällen umgekehrt, als es sich Buchanan für den Fall Italiens von der EU verspricht: Die Interventionsanliegen der Mitgliedstaaten sind auf europäischer Ebene leichter durchsetzbar als auf nationaler Ebene. Ein typischer EU-Kompromiss hält für jedes Land und jede Interessengruppe etwas bereit. Deshalb sind es zu häufig die Sonderrechte und nicht die universalisierbaren Rechte, die am Ende von Brüsseler Verhandlungen stehen.[75]

Der Weg des Ausnahmezustands

Der zweite Integrationsweg, über den die EU als Antwort auf die Eurokrise in den letzten Jahren ihre Gestalt verändert, ist der Weg des Ausnahmezustands. Dieser Weg folgt nicht mehr einem großen strategischen Plan, er ist nur auf Zeitgewinn aus. Die Interessen werden dabei nicht mehr mit der gewohnten Sorgfalt ausgeglichen. Es geht nur darum, das große Ganze – die EU – zusammenzuhalten. Dieser Weg hält sich nicht mehr an die Grenzen, die die gemeinsamen Regeln den EU-Institutionen setzen. Als Antwort auf die Krisen – vor allem die Eurokrise, später aber auch die Flüchtlingskrise – wurde das Recht relativiert, das den klassischen Integrationsweg meist noch in geordneten Bahnen halten konnte.

Wie Kielmansegg schreibt, hat sich die EU unter dem Schock der Krise eine neue Verfassung gegeben, *„deren ungeschriebener Basissatz lautet: Not kennt kein Gebot. Das europäische Projekt scheint wichtiger als die Rechtssätze, in denen es Gestalt gewonnen hat".*[76] Auf die Krisensymptome reagierten erst die Finanzmärkte, dann startete die europäische Rettungsmaschinerie. Dabei sind vordergründig unpolitische Instanzen wie die EZB oder der ESM zu bestimmenden Akteuren geworden.

Nun sind die beiden Integrationswege nicht unabhängig voneinander zu betrachten. Vielmehr hat der überstrapazierte, starr auf die engere Union ausgerichtete klassische Integrationsweg den Boden für die Krisen bereitet. In die Währungsunion wurden zu schnell zu unterschiedliche Mitglieder aufgenommen. Die Währungsunion wurde allen voran von Helmut Kohl als Instrument eingesetzt, um einem europäischen Bundesstaat irreversibel näher zu kommen. Gemeinsam mit François Mitterrand und Jacques Delors ordnete er ökonomische Bedenken diesem Ziel unter.[77]

---

75 In diesem Punkt und in der unscharfen Gewaltenteilung hat sich die EU vom Verfassungsmodell Hayeks mehr und mehr entfernt. Derzeit haben sowohl der Rat als auch die Kommission legislative und exekutive Kompetenzen. Sie können Gesetze initiieren bzw. beschließen und selbst vollziehen. Zudem zeigt das Beispiel der Mangold-Entscheidung zum Verbot der Altersdiskriminierung, dass auch der Europäische Gerichtshof gewisse legislative Kompetenzen hat (vgl. Herrmann 2010).
76 Kielmansegg (2015), S. 97
77 Seinen Bericht über die Beratungen in Maastricht begann Kohl am 13. Dezember 1991 mit den Worten: *„Der Weg zur Europäischen Union ist unumkehrbar. Die Mitgliedstaaten der Europäischen Gemeinschaft sind jetzt für die Zukunft in einer Weise miteinander verbunden, die ein Ausbrechen oder einen Rückfall in früheres nationalstaatliches Denken mit allen seinen schlimmen Konsequenzen unmöglich macht"* (Deutscher Bundestag, 12. Wahlperiode, 68. Sitzung, 13.12.1991). Für diesen Weg hatte Kohl nicht die Unterstützung der Bevölkerung hinter sich. Im Januar 1992 sprachen sich einer Umfrage von Allensbach zufolge nur 26 % der Befragten für eine Ablösung der D-Mark durch eine europäische Währung aus, während 49 % dagegen waren (vgl. Schwarz 2012, S. 702).

Demokratie- und Transparenzdefizit

Die Rechnung hierfür liegt mittlerweile auf dem Tisch. Die europäische Währung konnte die wirtschaftlichen Unterschiede nicht angleichen. Die Stabilitätskriterien erwiesen sich ebenso wie das Verbot der direkten Staatsfinanzierung durch die EZB als wenig bindend. Transferzahlungen, Haftungsübernahmen und eine Bestandsgarantie durch die EZB sollen Zeit gewinnen, wobei fraglich bleibt, wofür und wie diese Zeit genutzt wird.

Auch in der Flüchtlingskrise mussten die EU-Verantwortlichen recht hilflos zusehen, wie das gemeinsame Regelwerk übergangen und weitgehend außer Kraft gesetzt wurde. Die Kommission als Hüterin der Verträge war ebenso wenig in der Lage, Dublin und Schengen durchzusetzen, wie sie den Maastricht-Vertrag durchsetzen konnte. Da die EU ihre Außengrenzen nicht sichern kann, wurden der Türkei Milliarden Euro in Aussicht gestellt. Wieder ersetzte Steuergeld Regelbindung. Doch genau wie die Eurokrise wurde damit auch die Flüchtlingskrise nicht dauerhaft gelöst, sondern nur temporär entschärft. Neben den Griechen dürften die Italiener bei beiden Krisen in den nächsten Monaten wieder stärker in den Brennpunkt geraten.

Sowohl beim klassischen Integrationsweg als auch bei der akuten Krisenpolitik kommt den europäischen Bürgern eine passive Rolle am Wegesrand zu. Die Macht entzieht sich vor allem in der Währungsunion mehr und mehr ihrer Kontrolle. Mit dem Gefühl der Fremdbestimmung und der Ohnmacht gegenüber einem automatischen Integrationsprozess beginnen immer mehr Bürger, am Konstrukt EU zu zweifeln. Die Volksvertreter in den nationalen Parlamenten nicken Brüsseler Beschlüsse oft allenfalls noch ab. Denn selbst die Rechte, die etwa der Deutsche Bundestag in Form von Subsidiaritätsrügen und Stellungnahmen eigentlich hätte, werden kaum genutzt.

Einer Studie des cep (2015) zufolge nehmen nationale Parlamente ihr Recht, Subsidiaritätsrügen zu Legislativvorschlägen der EU-Kommission auszusprechen, EU-weit im Schnitt nur in 1,6 % der Fälle wahr.[78] Dabei gäbe es genug Gelegenheiten, Stellung zu beziehen. Von 2011 bis 2015 wurden über 400 Richtlinien und Verordnungen verabschiedet.[79]

Hinzu kommt die nachgelagerte EU-Regulierung[80], die in den letzten Jahren stark an Bedeutung zugenommen hat. 2015 gab es bereits fast dreimal so viele nachgelagerte Regu-

---

78 Deutschland liegt sogar noch unter diesem Durchschnitt, wobei der Bundesrat deutlich rügefreudiger ist als der Bundestag. Ein ähnliches Bild zeigt sich bei den Stellungnahmen. Der Bundestag hat in den letzten fünf Jahren ganze zwei Stellungnahmen zu Legislativvorhaben bei der EU-Kommission abgegeben.
79 vgl. Roosebeke/cep (2015), S. 9
80 Unter nachgelagerter Regulierung versteht man Regelungen, die unbestimmte Rechtsbegriffe einer Richtlinie oder Verordnung konkretisieren. Sie beruht auf Art. 290 *("Delegierte Rechtsakte")* und 291 *("Durchführungsrechtsakte")* AEUV.

lierungen wie ordentliche Gesetzgebungsverfahren. Bei der nachgelagerten Regulierung übernimmt die EU-Kommission die gesetzgeberischen Aufgaben, wobei der Rat und das Europäische Parlament sie dabei kontrollieren sollten. Diese Kontrolle hat allerdings nur selten Konsequenzen. Nur in 1,7 % der Fälle wurde ein delegierter Rechtsakt der EU-Kommission vom Rat oder dem Europäischen Parlament gestoppt.

Der Rat bzw. die nationalen Regierungen überlassen offensichtlich beim klassischen Integrationsweg mehr und mehr der Kommission das Feld, um dann umso mehr über den Weg des Ausnahmezustandes an Bedeutung zu gewinnen. Denn die Krisengipfel sind Sache der Regierungschefs. Umso interessanter ist die Zusammensetzung des Rates. Mehr und mehr nationalistische, sozialistische und linksextremistische Parteien sind vor allem in Ost- und Südeuropa in die Regierung aufgestiegen. Die Möglichkeiten der osteuropäischen Staaten, Allianzen zu bilden, haben sich beim Schließen der Balkanroute bereits angedeutet.

Problematisch für Deutschland könnte aber vor allem der südeuropäische Block um Griechenland, Spanien, Portugal und Italien werden. Hier bahnt sich eine schwierige linke Allianz an, die sich dem ohnehin geringen Konsolidierungs- und Reformdruck in der EU noch deutlicher und machtvoller widersetzen könnte, als diese Länder es in den letzten Jahren bereits getan haben. Inwieweit Deutschland sich dieser Allianz entgegenstellen kann, ist fraglich. Denn aus der führenden Rolle, die Deutschland bei der Eurokrise auch aufgrund des großen finanziellen Einsatzes noch behaupten konnte, wurde es im Zuge der Flüchtlingskrise bereits weitgehend verdrängt.

Die EU entfernt sich vom liberalen Leitbild

Zusammenfassend lässt sich festhalten, dass sich die EU auf beiden Integrationswegen, abgesehen von kleineren Reformschritten beim Start der Juncker-Kommission bis Ende 2015, eher weiter vom liberalen Leitbild einer flexiblen europäischen Ordnung entfernte. Nur beim Kriterium „offene Märkte" überwiegt das Positive. Bei den anderen Kriterien „Machtbeschränkung", „Regelwettbewerb" und „Subsidiarität" schneidet die EU schlecht ab. Der klassische Weg des Routine-Europas war auf „mehr Europa" fixiert, ohne dabei Rückschritte und Kurskorrekturen zuzulassen.

Der Druck im Kessel EU wurde immer größer. Ein großer Knall konnte sowohl in der Euro- als auch in der Flüchtlingskrise nur mit Mühe, großen finanziellen Anstrengungen und einer Überdehnung des Rechts verhindert bzw. aufgeschoben werden. Neue Institutionen wie der ESM und gewachsene Aufgaben der EZB können von den Bürgern und nationalen Parlamenten kaum noch kontrolliert werden. Die unterschiedlichen Auffassungen der Mitgliedstaaten treten immer deutlicher zu Tage. Bislang zeichnet sich kein Ausweg ab, der mit diesen unterschiedlichen Auffassungen vereinbar ist und mit dem die EU Vertrauen bei den Bürgern (zurück-)gewinnen kann.

Das Referendum in Großbritannien trifft die EU somit in einem Moment, in dem auf beiden Integrationswegen das Ende der Sackgasse sichtbar wird. Die von Großbritannien angestoßene Reformdiskussion war daher überfällig. Inwieweit der im Februar 2016 gefundene Kompromiss allerdings an der kritischen Bestandsaufnahme der EU etwas zu ändern vermag, wird im Folgenden diskutiert.

Die britische EU-Reformagenda und das liberale Leitbild

Wie wir bereits festgestellt haben, gibt es große Übereinstimmungen zwischen dem liberalen Leitbild und der britischen Vision von Europa. Dem entsprachen auch die Reformvorschläge für die EU, die der britische Premierminister David Cameron nach der Wiederwahl vorgelegt hat, um die Briten davon zu überzeugen, im Referendum über die EU-Mitgliedschaft für den Verbleib zu stimmen. Zu dieser Reformagenda gehörte die Rückverlagerung von Kompetenzen auf nationale Ebene, ein stärkerer Einfluss der nationalen Parlamente auf den Gesetzgebungsprozess, die Wahrung der Rechte der Nicht-Euro-Mitglieder, die Beschränkung des Zugangs zum Sozialstaat und die Verbesserung der Wettbewerbsfähigkeit.

Das Verhandlungsergebnis des EU-Gipfels Mitte Februar über die Reformagenda brachte das, was unter den gegebenen Bedingungen wohl zu erwarten war. Die schwerwiegendste Bedingung war, dass die Beschlüsse schnell und ohne Änderungen an den Verträgen getroffen werden sollten. Das Ergebnis wurde eine Kombination aus rechtlich verbindlichen Entscheidungen des Europäischen Rates sowie Ankündigungen und Erklärungen des ER und der Kommission, die sich auf vier Themenbereiche verteilen.

Für unser liberales Leitbild einer flexiblen europäischen Ordnung sind vor allem die Beschlüsse aus dem Themenfeld **Souveränität** bedeutsam. Die Staats- und Regierungschefs haben festgestellt, dass die bestehenden Verträge keinerlei Verpflichtungen enthalten, weitere Kompetenzen an die EU zu übertragen. Sowohl eine Ausweitung als auch die Verringerung von Kompetenzen bedürfe der Zustimmung aller Mitgliedstaaten. Die Bezugnahme auf den Prozess einer *„immer engeren Union"* sei vereinbar mit *„verschiedenen Wegen der Integration für verschiedene Mitgliedstaaten"*. Sie stelle *„keine Verpflichtung für alle Mitgliedstaaten dar, ein gemeinsames Ziel anzustreben"*.[81]

Auch wenn diese Klarstellung nur symbolischen Charakter hat, kann sie für die EU eine Chance sein, den Weg aus der Sackgasse einer immer engeren EU noch zu finden. Denn mit diesem Beschluss legt sich die EU fest: Ziel ist nicht ein europäischer Bundesstaat, sondern eine Integration, die in den Mitgliedsländern auch unterschiedlich intensiv ablaufen kann.

---

81 Europäischer Rat (2016)

Zusammen mit dem gestärkten Subsidiaritätsprinzip durch ein Einspruchsrecht der nationalen Parlamente könnte dies der Beginn einer dezentraleren, demokratischeren und flexibleren EU sein. Allerdings hat auch das Einspruchsrecht aufgrund der hohen prozeduralen Hürden zunächst wohl nur geringe praktische Relevanz. Damit der Rat ein Rechtsetzungsverfahren aussetzen kann, müssen zuvor 55 % der nationalen Parlamente binnen zwölf Wochen eine Subsidiaritätsrüge aussprechen.

Konkreter sind die Beschlüsse zu den **Sozialleistungen für EU-Staatsbürger.** Das Prinzip der Gleichbehandlung aller EU-Staatsbürger kann in diesem Bereich eingeschränkt werden, wenn *„zwingende Gründe des Allgemeininteresses"* das erfordern. Für den Zugang zu Sozialleistungen könnten Bedingungen eingeführt werden, die sicherstellen, dass *„ein tatsächlicher und effektiver Grad der Bindung der betreffenden Person an den Arbeitsmarkt des Aufnahmemitgliedstaats besteht".*[82] Das Aufnahmeland darf Personen Sozialleistungen versagen, die in das Land kommen, ohne über entsprechende Mittel zur Sicherung ihrer eigenen Existenz und der ihrer Familienangehörigen zu verfügen.

Damit ist klar, dass mit der Freizügigkeit in der Europäischen Union kein unbegrenzter Zugang zum nationalen Sozialstaat gemeint sein kann. Davon kann gerade auch Deutschland mit seinen stark ausgebauten Sozialsystemen profitieren. In der Vergangenheit gab es bei deutschen Gerichten immer wieder Unklarheit darüber, inwieweit EU-Ausländer Ansprüche auf Sozialleistungen geltend machen können.

Bei der Neuregelung des **Verhältnisses der Länder innerhalb und außerhalb des Euroraums** wird einerseits die Notwendigkeit der Vertiefung der Wirtschafts- und Währungsunion bekundet, andererseits die Teilnahme an dieser Vertiefung für Nicht-Eurostaaten als freiwillig bezeichnet. Weitere Schritte zur Vertiefung dürfen weder zu einer Diskriminierung der Nicht-Eurostaaten führen noch haften sie für Maßnahmen zur Stabilisierung der Eurozone. Als Gegenleistung sollen Nicht-Eurostaaten die von den Eurostaaten gewünschte Vertiefung nicht behindern, solange das gewährleistet ist.

Die Zugeständnisse an die Nicht-Eurostaaten ändern aber ausdrücklich nichts daran, dass außer Großbritannien und Dänemark alle anderen Nicht-Eurostaaten weiter verpflichtet sind, die Voraussetzungen für die Einführung der Währung zu erzielen. Damit wurde eine Chance vergeben, sich generell vom Beitrittszwang für die Nicht-Eurostaaten zu verabschieden und einen wichtigen Schritt in Richtung einer flexiblen europäischen Ordnung zu gehen. Da aber offenbar von den betroffenen Staaten der Wunsch nach einer solchen Neubestimmung auch nicht vorgebracht wurde, konnte man von Cameron nicht erwarten, gerade an dieser Stelle die Auseinandersetzung zu suchen.

---

82 Europäischer Rat (2016)

Mehr Interesse hat Cameron daran, dass die Nichteurostaaten ihre Kreditinstitute auch künftig selbstständig überwachen und selbst für mögliche Sicherungsmaßnahmen aufkommen, soweit sie nicht freiwillig den Mechanismen zur Stabilisierung des Bankensystems beigetreten sind. Die Unabhängigkeit der Nicht-Eurostaaten wird allerdings dadurch eingeschränkt, dass sich alle Staaten auf ein *„einheitliches Regelwerk"* verpflichtend einigen sollen, das für den gesamten Binnenmarkt gleiche Wettbewerbsbedingungen und Finanzstabilität garantieren soll.

Sehr allgemein und unverbindlich bleibt das Vorhaben, die **Wettbewerbsfähigkeit und den europäischen Binnenmarkt** zu stärken. So sollen *„konkrete Schritte"* zu einer besseren Rechtsetzung unternommen werden. Der Verwaltungsaufwand und die Befolgungskosten für kleine und mittlere Unternehmen sollen gesenkt werden. Unnötige Rechtsvorschriften sollen aufgehoben werden. Weiterhin soll die EU eine *„aktive und ehrgeizige Handelspolitik"* betreiben und den europäischen Binnenmarkt vollenden.[83]

Viele dieser Ziele sind in ähnlicher Form bereits in EU-Abschlussdokumente aufgenommen worden. So wurden bereits im Jahr 2010 im Monti-Bericht strategische Felder genannt, in denen der Binnenmarkt verbessert werden sollte, und es wurde für die laufende Legislaturperiode in einer strategischen Agenda des Europäischen Rats die Vollendung des Binnenmarkts gerade auch im für Großbritannien wichtigen Dienstleistungssektor als eine Priorität genannt. Die Praxis zeigt aber, dass den Absichtserklärungen nicht zuletzt in Deutschland wenige Taten folgen und Interessenvertretungen (der freien Berufe) mehr Einfluss auf die Regulierung haben als die EU-Kommission.

Insgesamt kommt es entscheidend darauf an, ob dieses Paket ein Endpunkt oder der Beginn eines Reformprozesses ist. Als Endpunkt hätte Großbritannien zwar in vielen Punkten eine Bestätigung und Präzisierung seines ohnehin bestehenden Status erreicht und damit seine Sonderstellung in der EU gewahrt. Das betrifft insbesondere seine Position außerhalb der Eurozone. Auch würden andere EU-Staaten wie Deutschland konkret von den besseren Einflussmöglichkeiten der nationalen Parlamente und dem eingeschränkten Zugang zu Sozialleistungen profitieren.

Doch insgesamt sind die Reformmaßnahmen nicht weitgehend genug, um eine Abkehr vom Weg der immer engeren Union hin zu einer flexiblen europäischen Ordnung zu gewährleisten. Hierzu müssten weitere Reformen folgen und die Abkehr vom Narrativ – von der Idee des europäischen Bundesstaates – fortgesetzt werden.

---

83 Europäischer Rat (2016)

Mögen auch die konkreten Auswirkungen der Beschlüsse erst einmal begrenzt sein, so zeichnet sich immerhin ab, dass von der Euphorie der 90er-Jahre nicht mehr viel geblieben ist. Sah sich Großbritannien unter John Major und Tony Blair noch in der Gefahr, vom deutsch-französischen Geleitzug abgehängt zu werden, haben die britischen Vorstellungen zumindest Einzug in die Reformdebatte um die EU gefunden.

Ob das vorliegende Reformpaket aber tatsächlich ein echter Paradigmenwechsel ist, bleibt unabhängig vom Ausgang des Referendums fraglich. Auch wenn die Briten in der EU bleiben, werden nach dem 23. Juni viele Vertiefungsprojekte – wie sie etwa im 5-Päsidenten-Bericht angelegt sind – ohne das Damoklesschwert Referendum mit neuem Schwung in Angriff genommen. Die starken euroskeptischen Parteien in der EU und die Haltung von Briten und Osteuropäern mögen hier Einhalt gebieten. Zusätzliche Zugeständnisse dürfen Flexibilisierer allerdings aus Brüssel auf absehbare Zeit nicht erwarten. Ohne das EU-Mitglied Großbritannien dürfte nicht einmal das jetzt verhandelte Reformpaket umgesetzt werden. Denn die Reformen treten nur im Falle eines positiven Votums der britischen Wähler in Kraft.

Weder das britische Modell einer „flexiblen Union" noch der „Europäische Bundesstaat" scheinen daher – zumindest kurzfristig – realistische Optionen zu sein. Die Erfahrung lehrt, dass es beim Tauziehen der beiden Modelle eher um kleine Raumgewinne geht. Welche Rolle dabei der Brexit spielen könnte, zeigt die abschließende Szenarienanalyse.

6. Brexit-Szenarien aus liberaler Perspektive

Es stellt sich also die Frage, ob Liberale ihre Hoffnungen darauf setzen können, dass Großbritannien in der Europäischen Union zum Reform-Motor wird, der einen echten Paradigmenwechsel durchsetzt und die EU dem liberalen Leitbild näher bringt, oder darauf, dass der Brexit als heilsamer Schock die EU zum Umdenken zwingt. Um diese Frage zu beantworten, müssen wir untersuchen, wie Großbritannien und die EU sich nach einem Brexit entwickeln würden. Darum werden wir im folgenden Abschnitt beschreiben, welche Alternativen es für Großbritannien zur EU-Mitgliedschaft gibt, und ob diese Europa eher dem liberalen Leitbild für Europa annähern oder es davon wegführen würden.

Wenn wir über die Perspektiven Großbritanniens außerhalb der EU sprechen, bewegen wir uns allerdings auf dünnem Eis. Das Ergebnis ist von vielen Variablen und Entwicklungen abhängig, die heute noch nicht absehbar sind. Ein Verbleib in einer EU, die sich immer mehr als reformunfähig erweist und die den Herausforderungen der Zeit mit Regulierungen, Zentralismus und Protektionismus begegnet, kann sich ebenso als schädlich erweisen, wie sich der Verbleib in einer reformierten Europäischen Union als besserer Weg gegenüber dem Austritt herausstellen kann.

Wir können ebenso wenig mit Bestimmtheit sagen, wie sich das Vereinigte Königreich außerhalb der Europäischen Union entwickeln würde. Ob es tatsächlich den Weg zu einer offenen Ökonomie mit vielen neuen Freihandelsabkommen einschlagen würde, wie von vielen liberalen Brexit-Befürwortern erhofft, oder die neuen Spielräume vielmehr dafür nutzen würde, befreit von den Bindungen des Binnenmarktes neue protektionistische Barrieren auf nationaler Ebene zu erreichen, ist fraglich.

Man kann argumentieren, dass ein Verbleib Großbritanniens und die Umsetzung der von Großbritannien angestoßenen Reformen die EU vor einem Abgleiten in den Zentralismus bewahrt. Man kann allerdings ebenso plausibel argumentieren, dass gerade ein Austritt Großbritanniens die EU dazu zwingen würde, ihre Strategie grundlegend zu überdenken.

Wenn wir den möglichen Austritt Großbritanniens an dieser Stelle ausführlich behandeln, dann wird die Darstellung auch dann nicht irrelevant, wenn sich die britischen Wähler gegen den Austritt entscheiden sollten. Die grundsätzliche Möglichkeit eines Austritts eines EU-Staates bleibt durch Artikel 50 erhalten. Das heißt, auch ein kurzfristig abgewendeter Austritt bedeutet nicht, dass dieser für alle Ewigkeit abgewendet ist.

In Kanada hat Quebec bereits zwei Referenden über seine Unabhängigkeit durchgeführt. Norwegen hat bereits zweimal über den Beitritt zur EU abgestimmt. Andere Staaten, die sich durch die EU ihrer Souveränität beraubt oder ungerecht behandelt fühlen, könnten sich ebenfalls auf diesen Artikel berufen und Referenden ansetzen. Da in allen europäischen

Staaten die etablierten Parteien an Bindekraft verlieren, gewinnen direktdemokratische Abstimmungen und außerparlamentarische Initiativen an Bedeutung.

Es kann also durchaus sein, dass Artikel 50 und damit der Austritt aus der EU zum Fixpunkt vieler Unzufriedener in der EU wird und die nationalen Regierungen und die EU sich immer wieder mit dieser Forderung auseinandersetzen müssen. Den Überlegungen über die Vor- und Nachteile eines Austritts kommt also über das Referendum am 23. Juni hinaus eine grundsätzliche Bedeutung zu.

Generell ist das Referendum, ganz unabhängig von seinem Ergebnis, ein bedeutsamer Vorgang, weil die Exit-Option über Artikel 50 und der darin angelegte Club-Gedanke erstmals praktisch genutzt wird. Der britische Wähler tritt in seiner Rolle als Souverän auf, der über die Clubmitgliedschaft in der EU entscheiden kann. Die Referendumskampagnen zeigen einen demokratischen Prozess, in dem der demokratische Souverän viele Argumente und Informationen erhält – abgesehen von der Information, wie die Austrittsverhandlungen nach einer „Out-Entscheidung" verlaufen würden. Die damit verbundene Verunsicherung kann ein entscheidender Faktor für eine „Remain-Entscheidung" sein, denn Wähler schrecken in der Regel eher vor unsicheren Entscheidungen zurück und tendieren im Zweifel zum Status quo.

Das norwegische Modell: Rückkehr Großbritanniens in die EFTA?

Eine Möglichkeit für Großbritannien nach einem Austritt wäre die Rückkehr in die EFTA.[84] Dieses „norwegische Modell" wäre das ökonomisch am wenigsten risikoreiche. Für den Handel innerhalb der EU würde sich nur wenig ändern. Würde Großbritannien der EFTA beitreten, deren Gründungsmitglied es war, könnte es einfach das bestehende Vertragswerk mit der EU übernehmen. Allerdings würden sich die Gewinne an Souveränität und Selbstbestimmung, die den Befürwortern des Brexit wichtig sind, in Grenzen halten.

Großbritannien behielte den Zugang zum europäischen Binnenmarkt, der größte Teil des EU-Rechts bliebe wie bisher verbindlich. Von den hundert teuersten Regelungen, die insgesamt Kosten von 33,3 Milliarden Britische Pfund für die Volkswirtschaft bedeuten, blieben dreiundneunzig auch nach dem Austritt bestehen. Die Personenfreizügigkeit bliebe ebenfalls erhalten. Das heißt, auch in Fragen der Migration würde sich nicht viel ändern.[85]

---

[84] Norwegen ist durch seine EFTA-Mitgliedschaft Teil des Europäischen Wirtschaftsraums. Der Europäische Wirtschaftsraum ist eine vertiefte Freihandelszone zwischen der EFTA und der EU. Dieser umfasst 31 Staaten, darunter die EFTA-Staaten Norwegen, Island und Liechtenstein und die Staaten der EU. Norwegen hatte sich viermal um die Mitgliedschaft in der EU beworben, doch hatten die norwegischen Wähler in zwei Referenden 1972 und 1994 dagegen gestimmt. Die Schweiz war dem Europäischen Wirtschaftsraum nicht beigetreten, sondern hatte eigene bilaterale Abkommen ausgehandelt.

[85] Booth u. a. (2013), S. 53

Großbritannien würde in den Bereichen Fischerei und Landwirtschaft unabhängig werden und könnte auch unabhängig von der EU Freihandelsabkommen aushandeln, dafür hätte es aber keine Stimme mehr im Ministerrat, würde seine Vetorechte verlieren, hätte keine Mitglieder im Europaparlament, keine EU-Kommissare und keine Richter am Europäischen Gerichtshof. Der Möglichkeit, als Mitglied des Europäischen Wirtschaftsraums Entscheidungen der EU aufzuhalten, sind klare Grenzen gesetzt.[86]

In Großbritannien selbst stößt dieses Modell deshalb auf Skepsis. Den Grund dafür brachte Premierminister David Cameron 2013 auf den Punkt: Großbritannien brauche den Zugang zum europäischen Binnenmarkt und auch ein Mitspracherecht über die Regeln, die auf diesem Markt gelten. Das norwegische Modell liege deshalb nicht im nationalen Interesse des Vereinigten Königreichs, weil Norwegen die Regeln einfach akzeptieren und einen Beitrag für die Mitgliedschaft zahlen müsse, aber kein Mitspracherecht bei der Entscheidung über die Regeln habe. Norwegen werde per „Fax" von Brüssel aus regiert.[87]

Dieser allgemein verbreiteten Sichtweise, dass Norwegen Entscheidungen der EU einfach passiv hinnehmen müsse und dabei keine eigene aktive Rolle spielen könne, widerspricht der britische Autor Richard North in seinem Buch *The Norway Option*[88]. Er versucht darin zu belegen, dass Norwegen tatsächlich über große Freiräume und Einfluss verfügt. North stützt sich in seinem Plädoyer für das norwegische Modell vor allem auf zwei Argumente.

Erstens beruhen viele EU-Regulierungen inzwischen auf Abkommen und Vorlagen, die aus **internationalen Organisationen** kommen, in denen Norwegen stark engagiert ist. Obwohl es ein kleines Land ist, hat Norwegen in diesen Organisationen meist mehr Einflussmöglichkeiten als ein EU-Staat. Denn ein EU-Staat hat selbst meist kein direktes Mitspracherecht, da dies für alle EU-Staaten von der Kommission ausgeübt wird.

Viele dieser internationalen Körperschaften agieren unter dem Dach der Vereinten Nationen. Daneben gibt es viele Organisationen, die Normen und Standards festlegen, etwa die WTO oder internationale Organisationen für Ernährung, Fischfang und Landwirtschaft sowie Gesundheits-, Arbeits-, Klima-, Umwelt- und Tierschutzabkommen. Auch Post und Telekommunikation, Flugverkehr und Seefahrt, intellektuelle Eigentumsrechte und die Regulierung von Banken und Finanzmarkt werden inzwischen im internationalen Rahmen

---

86 Booth u. a. (2013), S. 55f.
87 Booker (2013)
88 North (2015)

verhandelt. Auf diese Weise nimmt der Bestand internationaler Verträge und Rechtsvorschriften ständig zu.[89]

Zweitens bestünden **innerhalb des Europäischen Wirtschaftsraums,** der aus der EU und der EFTA besteht, für EFTA-Staaten durchaus Möglichkeiten, den Gesetzgebungsprozess zu beeinflussen und sich in die Vorbereitung der EU-Gesetzgebung einzubringen, was Norwegen in der Vergangenheit intensiv getan hat. Ein Beispiel dafür, wie Norwegen etwa Einfluss auf die EU-Gesetzgebung nimmt, sind die Forschungsprojekte der EU, deren Ergebnisse vielen Gesetzgebungsvorhaben der EU-Kommission zugrunde liegen. Norwegen war insgesamt seit dem Beitritt zum Europäischen Wirtschaftsraum an 1139 Forschungsprojekten beteiligt, die in 226 Fällen einen direkten Bezug zum politischen Prozess besaßen. Daneben existieren inzwischen 600 Expertengruppen, die die Kommission beratend unterstützen und in denen die EFTA-Staaten vertreten sind. Im Zuge des Konsultationsprozesses können die EFTA-Staaten in jeder Phase der Ausarbeitung der EU-Gesetzgebung durch Kommentare ihren Standpunkt mitteilen und Änderungsvorschläge einbringen.

Norths Betrachtung erlaubt die Aussage, dass es den Norwegern gelungen ist, die Nachteile, die sich daraus ergeben, dass sie kein Mitglied der EU sind, zu kompensieren. Durch ihr großes Engagement auf internationaler Ebene und ihre aktive Beteiligung an den Konsultationsprozessen im Europäischen Wirtschaftsraum haben sie sich einen Einfluss gesichert, der weit über die Größe und Stellung Norwegens hinausreicht.

Das EFTA-Modell und das liberale Leitbild

Prüfen wir nun, was der Brexit und der Wechsel Großbritanniens in die EFTA aus der Perspektive des liberalen Leitbildes bedeuten würde. Das Europaparlament sah die EFTA bislang nur als „*EU-Wartezimmer*" und stellt triumphierend fest, dass die EU das eigentliche „*Kraftzentrum*" der europäischen Integration sei:

„Durch den Wegfall des Ost-West-Konflikts und die Beitrittswünsche der mittel- und osteuropäischen Staaten zur EG/EU zeichnete sich spätestens zu Beginn der 1990er-Jahre eine deutliche Relativierung der bisher herausgehobenen Stellung der EFTA-Staaten zur EG ab. Sie galt in der Folge allenfalls noch als ‚EU-Wartezimmer' für die verbleibenden Staaten,

---

89 Besonders in den Bereichen Fischerei, Luftfahrt und Verkehr ist Norwegen sehr aktiv und verhandelt dort direkt mit der EU-Kommission. Fischereiangelegenheiten werden etwa in der Regional Fisheries Management Organisation (RFMO) und Flugverkehr im North European Functional Airspace Block (NEFAB) verhandelt. Norwegen ist außerdem Mitglied der United Nations Economic Commission for Europe (UNECE). Dazu gehört das World Forum for Hamonisation of Vehicle Regulations. Während Staaten wie Großbritannien und Deutschland mit großer Automobilproduktion dort durch die EU-Kommission vertreten werden, besitzt Norwegen in den Verhandlungen mit außereuropäischen Automobilnationen wie Japan und Südkorea eine eigene Stimme.

für Dritt-Staaten mit EU-Beitrittsperspektive hat sie keine erkennbare Attraktivität entfalten können: Eine allfällige EFTA-Mitgliedschaft oder eine EWR-Beteiligung bietet diesen nur geringe Perspektiven und ist daher kein erstrebenswertes Modell für eine Integration in europäische Strukturen. Die EU ist das Kraftzentrum der europäischen Integration." [90]

Folgt die EU dem in Kapitel 5 beschriebenen Weg in die Sackgasse, könnte sie das Kraftzentrum irgendwann weniger attraktiv erscheinen lassen als die EFTA. Die EFTA würde politisch und wirtschaftlich durch einen Beitritt Großbritanniens erheblich aufgewertet und würde wohl unmittelbar als politische Alternative zur EU erscheinen, als die sie ja auch ursprünglich gegründet wurde. Da mit dem Beitritt zur EFTA der volle Zugang zum Europäischen Wirtschaftsraum garantiert ist, könnte der Wechsel aus der EU in die EFTA aus der Perspektive von Staaten, die zwar die wirtschaftlichen Vorteile des Binnenmarktes genießen wollen, aber die von der EU angestrebte politische Integration ablehnen, attraktiv sein (etwa Dänemark, Schweden, Finnland, die Niederlande, Österreich oder die Visgrad-Staaten).

Würde Großbritannien aus der EU austreten, würde es zugleich die Freihandelsabkommen verlieren, die die EU abgeschlossen hat. Da die EFTA über eine große Zahl von eigenen Freihandelsabkommen mit anderen Staaten verfügt, könnte Großbritannien durch den Beitritt zur EFTA diesen Verlust kompensieren. Damit wäre ein Austritt durch den möglichen Übertritt zur EFTA über Artikel 50 des Lissabon-Vertrages sehr erleichtert. Beide Organisationen könnten mit attraktiven Bedingungen um Mitglieder werben. Dieser Wettbewerb könnte sich auf den Grad der politischen Integration beziehen, auf den Einfluss der Mitglieder auf internationale Positionen, auf die Transparenz und demokratische Legitimation des Entscheidungsprozesses sowie auf die Handelspolitik.

Das EFTA-Modell erfüllt alle vier Kriterien des liberalen Leitbildes. Es erfüllt das Kriterium offener Märkte, denn der gegenseitige Marktzugang bliebe im vollen Umfange gewährleistet. Durch den Wettbewerb zwischen EU und EFTA würde die EU ihr Monopol als zentrale Körperschaft der europäischen Integration verlieren. Damit würden der Macht und auch dem politischen Missbrauch dieser Macht Grenzen gesetzt. Ein klares Regelsystem würde bestehen bleiben, gleichzeitig würde aber auch ein Wettbewerb zwischen den internen Regelsystemen der EU und EFTA stärker werden. Die Subsidiarität würde insoweit gestärkt, als dass eine zentralistische EU gegenüber der EFTA an Attraktivität verlieren könnte.

Doch gerade diese Aussicht auf einen echten Systemwettbewerb und einen zusätzlichen Konkurrenten um das Konzept der europäischen Integration ist auch der Nachteil dieser Lösung. Denn die EU könnte versuchen, den Übertritt Großbritanniens und weiterer austrittswilliger Kandidaten zur EFTA zu torpedieren. Inwieweit die EU dabei Erfolg hätte, ist fraglich, denn die EFTA-Staaten können grundsätzlich frei entscheiden, wen sie als Mit-

---

[90] Europaparlament/Lexikon (o. J.)

gliedstaat aufnehmen. Aber auch das ist ein Unsicherheitsfaktor. Die kleinen EFTA-Staaten könnten fürchten, innerhalb der EFTA von Großbritannien dominiert zu werden und zu einem Anhängsel des Vereinigten Königreichs zu werden. Darum ist nicht gesagt, dass die EFTA tatsächlich bereit wäre, Großbritannien aufzunehmen.

Freihandelsabkommen: Das Schweizer Modell oder Kanada plus?

Statt im Europäischen Wirtschaftsraum zu verbleiben, könnte Großbritannien bilaterale Freihandelsabkommen mit der EU aushandeln. Diese könnten entweder in einer Reihe von Abkommen verabschiedet werden, wie im Falle der Schweiz, oder ein einziges großes Freihandelsabkommen umfassen wie im Falle des CETA-Abkommens zwischen der EU und Kanada. Gemeinsam haben beide Varianten, dass sie einerseits stärker auf die Bedürfnisse des Vertragspartners zugeschnitten sind. Auf der anderen Seite erfordern sie gerade deshalb auch eine längere Verhandlungszeit.

Die Schweiz ist dem Europäischen Wirtschaftsraum nicht beigetreten, obwohl auch sie der EFTA angehört. Ihr Verhältnis zur EU beruht auf einer Reihe bilateraler Abkommen. In diesen Abkommen hat die Schweiz den Zugang zu wichtigen Teilen des Binnenmarktes ausgehandelt und im Gegenzug viele Regulierungen und Vorschriften der EU übernommen. Exportgüter können tariffrei in die EU exportiert werden. Das gilt jedoch nicht im selben Maße für Dienstleistungen. Besonders gravierend ist aus britischer Sicht, dass die Schweiz kein Abkommen über Finanzdienstleistungen unterzeichnet hat. Denn gerade der Finanzsektor ist für das Vereinigte Königreich sehr wichtig. Wie Norwegen und die EFTA-Staaten hat auch die Schweiz die Personenfreizügigkeit akzeptiert.

Die Schweiz hat sich die Freiheit bewahrt, eigene Freihandelsabkommen auszuhandeln. Der Oxford-Historiker Jonathan Lindsell sieht deshalb das Schweizer Modell als Vorbild für Großbritannien an. Die Lage der Schweiz sei mit der Großbritanniens durchaus vergleichbar, da beide Staaten über einen starken Finanz- und Dienstleistungssektor verfügen. Die Exportprofile der Schweiz und Großbritanniens seien sich ähnlich. In seiner Studie *Lessons From Switzerland*[91] aus dem Jahr 2015 versucht er den Beweis anzutreten, dass Großbritannien außerhalb der EU größere Chancen für den Abschluss von Freihandelsabkommen hätte als in der EU.

Lindsell kommt zu dem Ergebnis, dass es für einen einzelnen Staat mit klar umrissenen Interessen einfacher sei, sich mit anderen Staaten auf Freihandelsabkommen zu einigen. Die EU müsse hingegen die Interessen von 28 Staaten unter einen Hut bringen und sei deshalb bei Verhandlungen weniger flexibel. Er weist darauf hin, dass die kleine Schweiz Freihandelsabkommen mit Staaten ausgehandelt hat, mit der die EU bis zu diesem Zeitpunkt noch

---

91 Lindsell (2015)

keine besitzt. Dazu gehören China, Japan, Singapur und Hong Kong.[92] Insgesamt sei nicht erkennbar, dass die EU erfolgreicher darin sei, Freihandelsabkommen auszuhandeln, als die Schweiz.

Dennoch stößt auch das Schweizer Modell insbesondere bei den Brexit-Anhängern auf Skepsis, die vor allem den Zuzug nach Großbritannien stärker kontrollieren wollen und denen die Abhängigkeit der Schweiz von Entscheidungen in Brüssel zu groß ist. Der ehemalige britische Schatzkanzler Lord Norman Lamont brachte daher die Idee eines weitreichenden Freihandelsabkommens ins Spiel. Als Grundmodell sah er weder Norwegen noch die Schweiz an, sondern CETA, das Freihandelsabkommen zwischen der EU und Kanada.

Im Freihandelsabkommen mit Kanada wurde vereinbart, alle Zölle auf Güter und Agrarprodukte entfallen zu lassen und viele außertarifliche Handelshindernisse abzuschaffen. Bei Bewerbungen um öffentliche Aufträge sollen kanadische und europäische Unternehmen gleichbehandelt werden. Berufliche Qualifikationen sollen gegenseitig anerkannt werden. Um Investitionen abzusichern, hat man sich auf klar eingegrenzte Investitionsschutzabkommen geeinigt.

Lord Lamont schlug eine Art „*Kanada+*"-Vereinbarung vor, die auch grenzüberschreitende Dienstleistungen wie Finanzdienstleistungen umfassen würde.[93] Im Gegenzug könnte EU-Bürgern bevorzugter Zugang zum britischen Arbeitsmarkt gewährt werden, und Großbritannien könnte sich dafür auch bereitfinden, einen Beitrag zum EU-Budget zu leisten. Der wesentliche Vorteil dieser Option ist aus Sicht vieler Brexit-Befürworter, dass ein solches Freihandelsabkommen anders als im norwegischen oder im Schweizer Modell die Personenfreizügigkeit nicht abdecken würde.

Die Verhandlungen über ein solches Freihandelsabkommen würden aber wohl weit mehr Zeit in Anspruch nehmen als die in Artikel 50 vorgesehenen zwei Jahre. Freihandelsabkommen benötigen bis zum Abschluss im Schnitt fünf bis sieben Jahre. Deshalb stellt sich die Frage, was passiert, wenn es in dieser Zeit zu keiner Einigung käme und die Verhandlungen auch nicht verlängert würden.

Freihandelsabkommen mit der EU und das liberale Leitbild

Die Aushandlung eines Freihandelsvertrages oder mehrerer Freihandelsverträge hätte für den Vertragspartner den Vorteil, mehr Wünsche einbringen zu können. Zugleich ist es aber

---

92 Insgesamt hat die Schweiz 28 Freihandelsabkommen mit 38 Handelspartnern außerhalb der EU abgeschlossen. Die EU hat auf der anderen Seite Freihandelsabkommen mit Staaten abgeschlossen, mit denen die Schweiz kein Freihandelsabkommen besitzt. Dazu gehören Algerien, San Marino, Syrien und Andorra.
93 Zit. nach Booth u. a. (2016).

auch ein Nachteil, weil dadurch das Verfahren komplizierter wird und nicht zu erwarten ist, dass nach einem Austritt der Wunsch nach Sonderregelungen auf besonders großes Entgegenkommen stoßen wird.

Inwieweit ein solches Freihandelsabkommen zu einer Einschränkung der Offenheit der Märkte führen würde, hängt von der Ausgestaltung dieser Abkommen ab. Die Offenheit wäre geringer als beim Verbleib im Europäischen Wirtschaftsraum. Dafür hätten Großbritannien wie auch die EFTA-Staaten die Möglichkeit, weitere Freihandelsabkommen abzuschließen.

Für offene Märkte stellen diese Varianten also ein größeres Risiko dar als der einfache Übertritt zur EFTA. Es würde außerdem länger dauern, diese Abkommen auszuhandeln, als einfach nur die Regeln des Europäischen Wirtschaftsraums zu übernehmen. Möglicherweise würde ein Freihandelsabkommen die Macht der EU noch stärker begrenzen als das norwegische Modell, da der Einfluss der EU-Gesetzgebung begrenzter wäre. Regelwettbewerb und Subsidiarität wären daher im Idealfall nicht geringer als im norwegischen Modell.

Es ist aber schwer vorauszusehen, wie die EU auf die Entscheidung für einen Brexit reagieren würde. Auch hier ist es durchaus möglich, dass der irrationale Wunsch nach Vergeltung für die Schmach des Austritts mit der rationalen Überlegung einhergehen würde, keine Anreize für weitere Austritte aus der EU zu schaffen. Am Ende wäre es zwar für beide Seiten schädlich, wenn die EU den Zugang zum europäischen Binnenmarkt für Großbritannien nach dem Brexit erschwerte. Ausgeschlossen wäre das aber nicht. Deshalb werden wir untersuchen, was geschähe, wenn es überhaupt nicht zu einem Abkommen zwischen der EU und Großbritannien käme.

Der „Worst Case": Handelsbeziehungen nach den Regeln der WTO

Käme es zu keinem Abkommen, würden die Regeln der WTO für die Handelsbeziehungen des Vereinigten Königreichs zur EU gelten. Nach dem Austritt würde Großbritannien Sitz und Stimme in der WTO zurückgewinnen, die es im Jahr 1973 zugunsten der EU aufgeben musste. Für britische Produkte würden dieselben Regeln gelten wie für Importe aus anderen Drittstaaten, wie etwa aus Japan, China oder den USA. Investoren, denen es primär um den Zugang zum europäischen Binnenmarkt geht, könnten in diesem Fall andere Standorte als attraktiver ansehen. Allerdings wären nicht nur britische Exporteure davon betroffen, sondern auch die Exporte von Europa in das Vereinigte Königreich. Das würde sich auch auf Deutschland, das gegenüber Großbritannien einen Exportüberschuss aufweist, negativ auswirken.[94]

---

94 Booth u. a. (2013), S 61ff.

Großbritannien würde bei einem Austritt aus der EU auch die Mitgliedschaft in den Freihandelsabkommen verlieren, die die EU ausgehandelt hat. Ob das eine Katastrophe wäre, ist unter Ökonomen umstritten. Die modernen Freihandelszonen, zu denen auch der Europäische Wirtschaftsraum gehört, sind aus der Perspektive der klassischen liberalen Handelstheorie durchaus kritisch zu sehen. Den liberalen Klassikern wie Adam Smith und David Ricardo zufolge profitiert ein Land auch durch den einseitigen Abbau von Zöllen und Handelshindernissen – auch dann, wenn andere es nicht tun.

Billige Importe erhöhen die Kaufkraft der Konsumenten und verbilligen auch Vorprodukte, die für die Produktion im Land verwendet werden und damit die eigenen Produkte ebenfalls verbilligen. Großbritannien könnte sich demnach unabhängig vom Europäischen Wirtschaftsraum oder von Freihandelsabkommen auf die Regeln der WTO berufen und eine klassische Freihandelspolitik in diesem Sinne betreiben. Käme es dennoch zu Wettbewerbsnachteilen, könnte Großbritannien sich an diese dank seines flexiblen Wechselkurses zumindest anpassen.

Der Rückfall unter die Regeln der WTO und das liberale Leitbild

Auch wenn die ökonomischen Folgen sich nicht genau abschätzen lassen, wäre doch der Verzicht auf die Mitgliedschaft im Europäischen Wirtschaftsraum und auf ein Freihandelsabkommen nach dem Kriterium offener Märkte negativ zu bewerten. Das Problem dabei sind nicht nur mögliche Handelshindernisse, sondern ist auch die Gefahr, dass Großbritannien selbst zu protektionistischen Maßnahmen greifen könnte.

Unter den Regeln der EU sind Wettbewerbsbeschränkungen und Diskriminierungen von Mitbewerbern untersagt. Großbritannien könnte nach einem Austritt seine neue Freiheit auch dazu nutzen, stärker in den Markt einzugreifen, um eigene Industrien zu schützen. Die Gefahr des politischen Machtmissbrauches würde stärker als bei den anderen Austrittsszenarien steigen, da es kaum Vorkehrungen bzw. gegenseitige vertraglich festgelegte Verpflichtungen gäbe, die dem Eingriff in den Wettbewerb Grenzen setzen.

„Little England": Folgt dem Brexit der Verfall des Vereinigten Königreichs?

Ein Austritt Großbritanniens wird oft noch unter einem anderen Gesichtspunkt behandelt. Die Frage steht im Raum, ob nach einem Brexit in Schottland erneut ein Referendum über die Mitgliedschaft Schottlands im Verbund des Vereinigten Königreichs anzusetzen wäre. Gemeinhin, wenn aber wohl nicht ganz zu Recht, gelten die Schotten als der EU stärker gewogen als die Engländer. Sollten bei einer Entscheidung für den Austritt eine Mehrheit der Engländer dafür, aber eine Mehrheit der Schotten dagegen gestimmt haben, dann könnten die schottischen Nationalisten ein zusätzliches Argument für die Loslösung von Großbritannien vorbringen.

Ein erneutes Referendum in Schottland, das zu einem unabhängigen Schottland führen würde, wäre nicht ohne Wirkung auf Nordirland. Durch den Austritt Großbritanniens aus der EU würden die Grenzen zwischen Nordirland und der Republik Irland, die heute innerhalb der EU keine Rolle spielen, wieder an Bedeutung gewinnen. Das könnte dazu führen, dass einem Austritt Schottlands auch eine Neubestimmung des Status von Nordirland folgen könnte. Das Ergebnis eines solchen Prozesses wird oft als „Little England" beschrieben.[95]

Was den einen ein Graus, ist für die anderen eine attraktive Vorstellung. Sie sprechen auch von einem europäischen „Singapur".[96] Demnach würde „Little England" als kleinere politische Einheit den Weg der wirtschaftlich erfolgreichen Stadtstaaten Hong Kong und Singapur gehen oder sich wie andere erfolgreiche kleinere Staaten wie Norwegen oder die Schweiz entwickeln. Aus liberaler Perspektive wäre eine Sezession von Landesteilen, soweit sie auf dem Wunsch der Bevölkerung beruht, tatsächlich unproblematisch. Röpke, Hayek, Mises und Buchanan eint ihre Vorliebe für kleinere politische Einheiten oder sogar Kleinstaaten. Die Vision von „Little England", einer kleineren, offenen und international vernetzten Volkswirtschaft mit positiver Einstellung zum Freihandel, wäre für Liberale daher alles andere als eine Drohung.

Dennoch spricht einiges dagegen, dass es dazu käme. Schottland verfügt schon heute über ein großes Maß an Autonomie, sodass die Unabhängigkeit in Fragen, die den Alltag der Menschen betreffen, keine für den einzelnen Bürger spürbaren weiteren Vorteile bieten würde. Der fallende Ölpreis hat die Erklärung der schottischen Unabhängigkeitsbewegung, dass der wirtschaftliche Status eines unabhängigen Schottland durch den Ölexport gesichert sei, weniger glaubwürdig gemacht.

Doch ein weiterer, weniger beachteter Punkt ist das Austrittsverfahren Großbritanniens aus der Europäischen Union selbst. Innerhalb von nur zwei Jahren müsste Großbritannien gemäß Artikel 50 des Lissabon-Vertrages sein Verhältnis zur EU in einem Abkommen regeln. Dies schließt aber nicht automatisch Schottland oder andere Landesteile ein, würden diese aus dem Vereinigten Königreich austreten. Paradoxerweise könnte nach einem Brexit ein unabhängiges, aber EU-freundliches Schottland am Ende mit weniger dastehen als ein EU-skeptisches England. Schottland müsste dann eigenständige Verhandlungen mit der EU anstreben und einen Beitragsantrag stellen, genau wie andere beitrittswillige Staaten auch.

---

95 Leonard (2015)
96 Der Begriff „Little England" wird heute oft mit provinziellem Nationalismus gleichgesetzt. Seine Wurzeln liegen aber im Widerstand der englischen Liberalen des 19. Jahrhunderts gegen die imperiale Politik der damaligen Zeit.

Dass ein solcher Beitritt schnell vollzogen werden könnte, ist nicht gesichert. Denn andere EU-Staaten, die ebenfalls mit starken Sezessionsbewegungen zu tun haben, wie Spanien im Baskenland und in Katalonien, Frankreich auf Korsika oder Italien im Norden und auf Sardinien könnten befürchten, dass von einem unabhängigen Schottland in der EU eine Signalwirkung auf die Unabhängigkeitsbewegungen im eigenen Land ausgehen könnte. Das schafft starke Anreize für diese Staaten, es einem unabhängigen Schottland nicht allzu leicht zu machen, der EU beizutreten. Insgesamt ist das Szenario eines Zerfalls des Vereinigten Königreichs nach einem Brexit weder plausibel noch aus liberaler Perspektive bedrohlich.

Der Austritt Schottlands und das liberale Leitbild

Die Gefahr eines Austritts Schottlands aus dem Vereinigten Königreich, vielleicht gefolgt von der Abspaltung Nordirlands, ist für viele traditionsbewusste Briten wohl ein Grund, gegen den Brexit zu stimmen. Aus liberaler Perspektive sind solche Sezessionen nicht unbedingt abzulehnen. Durch kleine Staaten gibt es mehr Wettbewerb zwischen Regeln und Regelsystemen, und kleine Staaten können ihre Macht auch weniger stark zum eigenen Vorteil nutzen, weil es mehr Abwanderungsmöglichkeiten gibt. Solange die Märkte offen sind, wird die Voraussetzung für Subsidiarität, Regelwettbewerb und die Begrenzung politischer Macht durch die Sezession kleinerer Staaten, wie Mises sie ausdrücklich legitimierte, eher verbessert.

Zwischenfazit

Der Brexit kann durchaus Europa dem liberalen Leitbild annähern. Das wäre dann der Fall, wenn nach dem Brexit eine Regelung gefunden würde, die die Offenheit der Märkte bewahren und einen echten Regelwettbewerb zwischen der EU und der EFTA oder zwischen der EU und Großbritannien zulassen würde. Würde die EU aus dem Austritt Großbritanniens die Schlussfolgerung ziehen, dass sie ihre Mitgliedschaft möglichst attraktiv ausgestalten muss, um die verbliebenen Mitglieder zu halten, wäre es wahrscheinlich, dass sie sich zu mehr Subsidiarität und weniger Zentralismus durchringen würde.

Ein Brexit könnte aber auch dazu führen, dass in der EU der Wunsch entsteht, Großbritannien zu „bestrafen", um möglichst andere austrittswillige Staaten abzuschrecken. Sollten die Verhandlungen scheitern und es eine Rückkehr zu den Handelsregeln der WTO geben, würde sich auch der Spielraum für beide Seiten erhöhen, auf protektionistische Maßnahmen zurückzugreifen.

Der mögliche Austritt Schottlands aus dem Vereinigten Königreich ist unwahrscheinlicher, als von vielen angenommen wird, wäre aber nach den Kriterien des liberalen Leitbildes nicht zwangsläufig als negativ zu bewerten.

7. Ausblick

Für klassische Liberale ist die Europäische Union kein Selbstzweck, ebenso wenig wie der Staat an sich ein Selbstzweck ist. Es geht um die Freiheit des Individuums. Diese Freiheit wird garantiert durch offene Märkte, die Begrenzung politischer Macht, Regelwettbewerb und Regeltreue und die Subsidiarität. Wenn wir ein Urteil darüber wagen wollen, ob ein Brexit aus liberaler Perspektive wünschenswert ist oder nicht, dann müssen wir diese Kriterien auf mögliche Szenarien anwenden.

Brexit-Szenarien

Allgemein gesprochen müssen wir bei einem Brexit mit massiven wirtschaftlichen und politischen Konsequenzen rechnen, die sich gegenseitig verstärken können. Viel hängt vom Austrittsszenario ab. Doch unabhängig davon lassen sich einige unmittelbare wirtschaftliche Konsequenzen eines Brexit für Großbritannien und Deutschland bereits relativ gut vorhersehen.

Zu ihnen gehören die (Netto-)Beiträge, die Großbritannien nach einem Brexit weniger und Deutschland anteilig mehr an Brüssel zu überweisen hätte. Hinzu kommen Kosten durch einen (je nach Austrittsregelung in unterschiedlichem Maße) erschwerten Handel. Von Handelsbeschränkungen mit der EU wäre Großbritannien zunächst selbst massiv betroffen. Doch auch Deutschland würde jede Handelsbeschränkung mit seinem wichtigen Handelspartner Großbritannien unmittelbar zu spüren bekommen.

Die politischen Konsequenzen sind weit schwerer greifbar. Für das außenpolitische Gewicht der EU steht beim Referendum in Großbritannien viel auf dem Spiel. Großbritannien ist als ständiges Mitglied im Weltsicherheitsrat diplomatisch und militärisch ein weltweites Schwergewicht. Noch wichtiger ist das Referendum aber für die EU im Inneren. Ohne Großbritannien würde sich das Gesicht der EU grundlegend ändern. Großbritannien streitet seit Jahren für Freihandel, Subsidiarität und ordnungspolitische Reformen.

Diesen Streit könnte Großbritannien nicht mehr im Inneren der EU-Institutionen führen, die Gewichte würden sich weiter hin zu den tendenziell interventionistischen, südeuropäischen Staaten verschieben. Für Deutschland droht eine Situation, die sich bereits deutlich innerhalb der Eurozone abzeichnet.[97] Innerhalb der Europäischen Zentralbank werden die Vertreter der stabilitätsorientierten Länder von einer Mehrheit aus Frankreich und den Mittelmeerstaaten überstimmt.

Derzeit erstarken in vielen europäischen Staaten sozialistische und nationalistische Strömungen. Der Front National ist in Umfragen die drittstärkste Kraft in Frankreich. Er besetzt neben dem klassischen Nationalismus auch traditionelle Positionen der Sozialisten und vertritt protektionistische Positionen. Das setzt die anderen Parteien dort stärker unter Druck, in dieselbe Richtung zu gehen. Ohne Großbritannien wäre Frankreich als Partner innerhalb der Europäischen Union für Deutschland noch wichtiger, und auch Deutschland könnte in das französische Fahrwasser geraten.

Ein weiteres mit dem Brexit verbundenes Risiko haben wir in Kapitel 6 beschrieben. Die EU könnte an Großbritannien ein Exempel statuieren, um keine Anreize für weitere Austritte zu schaffen. Auch in Großbritannien könnten sich protektionistische Kräfte durchsetzen. Am Ende könnte ein Handelskrieg zwischen Großbritannien und der EU nur Verlierer zurücklassen. Gegenseitiger Protektionismus würde dem Prinzip offener Märkte ebenso widersprechen wie der Begrenzung politischer Macht und dem Prinzip der Subsidiarität. Viele Errungenschaften des Binnenmarktes und der Wettbewerbsordnung, für die sich viele Liberale wie Röpke, Erhard oder Dahrendorf jahrzehntelang eingesetzt haben, könnten wieder verloren gehen.

---

97 Beschlüsse müssen im Rat der Regierungschefs von 55 % aller Länder beschlossen werden, die mindestens 65 % der Gesamtbevölkerung der EU stellen. Es gibt eine Sperrminorität, wenn vier Länder mit zusammen mindestens 35 % der Gesamtbevölkerung der EU sich dagegenstellen. Die Mitgliedstaaten der EU lassen sich grob in zwei Gruppen aufteilen. Diejenigen, die in der Tendenz eher für Freihandel, Deregulierung, Marktwirtschaft und Wettbewerb votieren und diejenigen, die stärker auf Protektionismus, Industriepolitik und Konjunktursteuerung setzen. Zur ersten Gruppe werden Länder wie Deutschland, Großbritannien, die Niederlande, Schweden, Dänemark, Irland und die baltischen Staaten Litauen, Lettland und Estland gezählt. Zur zweiten Gruppe gehören Frankreich, Italien, Spanien, Griechenland, Portugal und Zypern. Daneben gibt es eine Reihe von Staaten in Mittel- und Osteuropa, die sich nicht klar zuordnen lassen. Die Einteilung ist ohnehin eher eine Orientierungsgröße und kann durch Regierungswechsel und politische Ereignisse geändert werden. Allerdings sind einige Staaten wie Frankreich und Großbritannien durch ihre politische Kultur und ihre Wirtschaftsphilosophie schon sehr stark in einer der beiden Gruppen verankert. In beiden Fällen ist eine bestimmte Grundlinie auch über die Regierungswechsel hinweg erkennbar. Ohne Großbritannien verschiebt sich das Gewicht deutlich zugunsten der protektionistischen Gruppe. Mit Großbritannien besitzen die eher marktwirtschaftlich ausgerichteten Länder eine Sperrminorität, weil sie mehr als 35 % der Bevölkerung innerhalb der EU repräsentieren. Nach dem Abgang von Großbritannien würde der Bevölkerungsanteil, den diese Staaten repräsentieren, von etwa 38 % auf etwas über 26 % schrumpfen. Damit ginge die Sperrminorität verloren.

Um eine solche Entwicklung zu vermeiden, müsste sich Großbritannien nach einem Brexit alleine oder im Idealfall als Teil einer gestärkten EFTA als ein attraktives Alternativmodell präsentieren, welches dank Freihandelsabkommen mit anderen Wirtschaftsräumen und liberalen Reformen prosperiert. Der dann entstehende Systemwettbewerb hätte wohltuenden Einfluss auch auf die EU und würde dem Clubmodell, das wir aus dem liberalen Leitbild abgeleitet haben, sehr entsprechen.

Remain-Szenarien

Sollte sich Großbritannien mit seiner Vision von Europa durchsetzen und sollten den beschlossenen Reformen weitere folgen, so könnte sich die EU als Best-Case-Szenario dem liberalen Leitbild einer flexiblen europäischen Ordnung annähern. Ein solches Europa würde immer mehr in die Rolle eines Staatenbundes mit einem Binnenmarkt hineinwachsen, der neben dem freien Austausch von Gütern auch einen offenen Markt für Dienstleistungen umfassen würde. Nach außen würden Handelsbarrieren abgebaut und der Marktzugang erleichtert. Diese Option steht in der Reihenfolge der wünschenswertesten Szenarien ganz oben, ist aber gleichzeitig auch eine der unwahrscheinlichsten Optionen.

Wahrscheinlicher wäre nach einer Remain-Entscheidung, dass sich zunächst nicht viel ändern würde. Aus Brüssel würde es weitere Vorstöße geben, die Eurozone zu vertiefen, Geld umzuverteilen und Haftungsrisiken zu vergemeinschaften. Diese würden aber spätestens dort ihre Grenzen finden, wo die Zustimmung von Bürgern erforderlich ist, die generell zusätzlicher Vertiefung überdrüssig sind, also etwa bei Vertragsänderungen. Weitere Versuche von Großbritannien, den Reformschritten von Februar weitere anzuschließen, werden wiederum – zumindest kurzfristig – am Widerstand der EU-Eliten scheitern. Im Ergebnis würden sich die beiden Visionen gegenseitig neutralisieren. Die EU würde sich insgesamt weder zu einer politischen Union noch zu einer flexiblen Union entwickeln, sondern würde ohne erkennbares Leitbild den Weg des politisch Machbaren (weiter-)gehen.

Denkbar ist auch ein Worst-Case-Szenario nach einer Remain-Entscheidung, indem die Anhänger einer politischen Union das Votum als Bestätigung ihrer Politik auffassen. Mancher könnte sich fragen: Wenn selbst die Briten nicht austreten, wer dann? Im Ergebnis könnte sich zunächst die Eurozone zu einer Haftungsunion entwickeln, später könnte Großbritannien aber auch weitere Kompetenzen an Brüssel abtreten. Wenn dann aus fortbestehenden oder neuen Krisenerscheinungen die falschen Schlüsse gezogen würden – zum Beispiel könnte nach öffentlichem Druck das Freihandelsabkommen TTIP scheitern oder neue Instrumente wie eine europäische Arbeitslosenversicherung eingeführt werden, würde das liberale Leitbild in immer weitere Ferne rücken.

Die möglichen Szenarien mit ihrer Eintrittswahrscheinlichkeit sind in nachfolgender Tabelle zusammengefasst:

Reihenfolge*	Brexit	Entwicklung GB	Entwicklung EU	Wahrscheinlichkeit
1	Nein	GB nutzt Flexibilität in der EU für liberale Reformen	Reformen in Richtung flexible europäische Ordnung	gering
2	Ja	Freihandel mit EU und Rest der Welt/EFTA-Mitgliedschaft	freier Handel und gleichzeitig Regelwettbewerb zwischen EU und EFTA, EU reformiert sich aufgrund Druck von außen	kurzfristig gering – langfristig möglich
3	Nein	weiter so (GB und Verbündeten gelingen einzelne Ausbrüche aus dem EU-Korsett)	weiter so (Vertiefungs- und Flexibilisierungsvorstöße im Wechsel)	wahrscheinlichstes Szenario
4 (kurze Frist)	Ja	Freihandel Rest der Welt, kein Abkommen mit der EU	Immer engere Union und Haftungsvergemeinschaftung im Inneren und Abschottung in Richtung GB	kurzfristig möglich
4 (lange Frist)**	Ja	Freihandel Rest der Welt, kein Abkommen mit der EU	Weitere Staaten folgen GB-Beispiel, EU zerfällt/reformiert sich aufgrund Druck von innen	langfristig möglich
5***	Nein	Immer mehr Außenseiter in der EU, ohne weitere Zugeständnisse aus Brüssel zu bekommen	Europa der zwei Geschwindigkeiten, mit immer engerer Eurozone, die sich auch auf Nicht-Eurostaaten auswirkt	Nicht auszuschließen
6***	Ja	Protektionismus und Markteingriffe, Abwertungswettbewerb	Immer engere Union, Haftungsvergemeinschaftung im Inneren und Abschottung nach außen	Nicht auszuschließen

* Von Best-Case bis Worst-Case aus EU-Sicht.
** Aus GB-Sicht könnte Szenario 4 zumindest in langer Frist vorteilhafter sein als Szenario 3.
*** Langfristig könnte die EU wie in 4 (lange Frist) zerfallen. GB fehlt aber als attraktives Alternativmodell.

Fazit

Insgesamt lässt sich festhalten, dass das Referendum in Großbritannien unabhängig vom Ausgang ein wichtiges demokratisches Signal ist, welches dem Prinzip der Subsidiarität und dem liberalen Clubmodell entspricht. Nach Ludwig von Mises soll die Bevölkerung eines Landes oder Landesteils die Möglichkeit haben, selbst zu entscheiden, von wem sie regiert werden will. Das trifft auf Großbritannien in der EU zu, aber auch auf Schottland innerhalb des Vereinigten Königreichs.

Ganz grundsätzlich zeigt diese Studie zudem, dass Großbritannien mit seiner Vision von Europa in jedem Fall gebraucht wird, ob innerhalb oder außerhalb der EU. Es dient innerhalb und außerhalb der EU als Vorbild für Länder, die nicht die Integrationseuphorie Deutschlands oder Frankreichs teilen. Es setzt innerhalb und außerhalb der EU diese unter Druck. Es bremst innerhalb und außerhalb der EU den Weg in die immer engere Union und eröffnet Flexibilisierungsperspektiven.

Allerdings sind die Möglichkeiten Großbritanniens begrenzt und das Beharrungsvermögen im Kern der EU immens – auch dies gilt unabhängig davon, ob Großbritannien austritt oder bleibt. Die Europäer, die es auf eine immer engere politische Union abgesehen und sich mit Rücksicht auf das Referendum in den letzten Monaten zurückgehalten haben, werden mit neuer Energie ihr Ziel der politischen Union verfolgen. Aus liberaler Sicht bedeutet dies nichts Gutes.

An der Stimmung bei den Menschen kommen die Anhänger einer politischen Union aber auch nicht ganz vorbei. Ein großer Teil der europäischen Bevölkerung ist einfach nicht willig, diesem Ziel zu folgen, insbesondere nicht in Großbritannien. Die Briten werden innerhalb oder außerhalb der EU eine Sonderrolle behalten und damit gleichzeitig Europa näher an die flexible Ordnung bringen, die wir in dieser Studie als liberale Wunschvorstellung dargelegt haben.

Bis auf Weiteres wird das Tauziehen zweier Vorstellungen von einer europäischen Ordnung wohl weitergehen. Ein Brexit würde beide Seiten durchrütteln, wobei unklar bleibt, wie es danach weitergehen würde. Bei aller Vorsicht deutet vieles darauf hin, dass die Briten eher von einem Brexit profitieren könnten als die Rest-EU, insbesondere Deutschland.

Die Frage, ob die europäische Ordnung sich durch einen Brexit insgesamt eher in Richtung unseres liberalen Leitbilds bewegen würde, hängt neben der nationalen Perspektive zudem entscheidend von der zeitlichen Perspektive ab. Kurzfristig würden nach einem Brexit eher die Gefahren für eine flexible, europäische Ordnung überwiegen – insbesondere die Gefahren für offene Märkte und den Binnenmarkt. Langfristig würden die Chancen steigen, dass die von einem Brexit ausgelöste Dynamik zu einer flexibleren, europäischen Ordnung führt.

Ob der Weg dorthin über eine graduelle, evolutionäre Anpassung oder den Zerfall der EU mit allen dazugehörigen Begleiterscheinungen führen würde, ist offen.

Das Risiko, dass die EU an der derzeitigen Krise zerbricht, wird aber auch dann nicht aus der Welt sein, wenn Großbritannien in der EU bleibt. Damit uns die Worst-Case-Szenarien erspart bleiben, müssen die politischen Eliten auch außerhalb Großbritanniens stärker die Einsichten der hier vorgestellten liberalen Vordenker verinnerlichen und bei ihren politischen Entscheidungen berücksichtigen. Bei einem Verbleib Großbritanniens in der EU gilt es, die vorhandenen Reformansätze mit großem Einsatz zu unterstützen. Bei einem Austritt sollte alles getan werden, um eine „Bestrafung" Großbritanniens oder eine Abschottung gegenüber diesem zu verhindern. Im Falle des Austritts wäre die Mitgliedschaft Großbritanniens in der EFTA eine wünschenswerte Option, im Falle des Verbleibs spricht viel dafür, die Austrittstür offen zu halten – und zwar nicht nur für Großbritannien. Nur wenn die Austrittstür offen ist, wird das Prinzip der Subsidiarität respektiert. Nur dann haben wir langfristig eine Chance, dass alle Länder freiwillig Mitglied im EU-Club bleiben wollen.

Literatur

Bernholz, Peter, Friedrich Schneider, Roland Vaubel und Frank Vibert (2004): „An alternative constitutional treaty for the European Union", in: Public Choice 188, S. 451–468.

Blair, Tony (2003): „Speech in Warsaw", gefunden auf: http://www.theguardian.com/world/2003/may/30/eu.speeches

Booker, Christopher (2013): „Norway's 'fax democracy' is nothing for Britain to fear", gefunden auf: http://www.telegraph.co.uk/comment/columnists/9813101/Norways-fax-democracy-is-nothing-for-Britain-to-fear.html

Booth, Stephen u. a. (2013): What if…? The Consequences, challenges & opportunities facing Britain outside EU. Open Europe.

Booth, Stephen u. a. (2016): Das Open Europe Planspiel zu EU-Reform und Brexit, gefunden auf: http://www.openeuropeberlin.de/das-open-europe-planspiel-zu-eu-reform-und-brexit-von-stephen-booth-raoul-ruparel-und-michael-wohlgemuth/

Bökenkamp, Gérard (2016): „Im Falle des Brexit". Blogbeitrag (15.02.2016), Open Europe Blog: http://www.openeuropeberlin.de/im-falle-des-brexit-2-teil-eine-privilegierte-partner-schaft-fuer-grossbritannien-von-gerard-boekenkamp/

Buchanan, James M. und Gordon Tullock (1962): The Calculus of Consent. Michigan University Press.

Buchanan, James M. (1990): „Europe's Constitutional Opportunity", in: ders. et al. (Hgg.), Europe's Constitutional Future. Institute of Economic Affairs, S. 1–20.

Buchanan, James M. (1995/2001): „Federalism as an Ideal Political Order and an Objective for Constitutional Reform", in The Collected Works of James M. Buchanan. Liberty Fund, S. 67–78.

Buchanan, James M. (1997/2001): „National Politics and Competitive Federalism: Italy and the Constitution of Europe". In: The Collected Works of James M. Buchanan. Liberty Fund, S. 118–131.

Buchanan, James M. und Dwight R. Lee (1994/2001): „On a Fiscal Constitution for the European Union". In: The Collected Works of James M. Buchanan. Liberty Fund, S. 131–147.

Brunn, Gerhard (2009): Die Europäische Einigung von 1945 bis heute. Reclam.

Clemens, Gabriele u. a. (2008): Geschichte der Europäischen Integration. Ferdinand Schöningh.

Dahrendorf, Ralf (Wieland Europa) (1971): „Ein neues Ziel für Europa", in: Die Zeit vom 16.07.1971, gefunden auf: http://www.zeit.de/1971/29/ein-neues-ziel-fuer-europa

Dahrendorf, Ralf (1979): A Third Europe? Third Jean Monnet Lecture. European University Institute.

Demos&Pi (2015): Nella 'terra di mezzo' fra terrore globale e paure quotidiane, Rapporto sulla sicurezza e l'insicurezza sociale in Italia e in Europa, Februar 2015.

Doering, Detmar (2002): „Friedlicher Austritt. Braucht die Europäische Union ein Sezessionsrecht?", gefunden auf: http://www.progressfoundation.ch/PDF/medien/152_Right of Secession,Detmar Doering,CNE,Friedlicher Austritt - D.pdf

Deutscher Bundestag (1991), 12. Wahlperiode, 68. Sitzung, 13.12.1991.

Erhard, Ludwig (1964/2009): Wohlstand für Alle. Anaconda.

Erhard, Ludwig (1962): „Neue Aufgaben der Europäischen und Atlantischen Zusammenarbeit", in: ders., Deutsche Wirtschaftspolitik. Der Weg der Sozialen Marktwirtschaft. ECON, S. 608–621.

Erhard, Ludwig (1962/1988): „Planification – kein Modell für Europa", in: Karl Hohmann (Hrsg.), Ludwig Erhard. Gedanken aus fünf Jahrzehnten. ECON, 770–780.

Eucken, Walter (1952/1959): Grundsätze der Wirtschaftspolitik. Rowohlt.

Europaparlament/Lexikon (o. J.), gefunden auf:
http://www.europarl.europa.eu/brussels/website/media/Lexikon/Pdf/EFTA.pdf

Europäischer Rat (2016): „Schlussfolgerungen der Tagung des Europäischen Rates vom 18. und 19. Februar 2016", gefunden auf: http://data.consilium.europa.eu/doc/document/ST-1-2016-INIT/de/pdf

Feld, Lars (2014): „James Buchanan's Theory of Federalism: From Fiscal Equity to the Ideal Political Order", in: Lars P. Feld. Freiburger Diskussionspapiere zur Ordnungsökonomik 14/6. Walter Eucken Institut.

Geddes, Andrew (2013): Britain and the European Union. Palgrave MacMillan.

Hannan, Daniel (2014): „EU Brexit would turn UK from 'bad tenants' to 'good neighbours' ", Parliament Magazine, December 2014.

Hayek, Friedrich A. von (1939/1952): „Die wirtschaftlichen Voraussetzungen föderativer Zusammenschlüsse", in: ders., Individualismus und wirtschaftliche Ordnung. Eugen Rentsch Verlag (1952), S. 324–344.

Hayek, Friedrich A. von (1944/2007): The Road to Serfdom. The University of Chicago Press.

Hayek, Friedrich A. von (1945/2004): Der Weg zur Knechtschaft. Mohr Siebeck.

Hayek, Friedrich A. von (1960/2006): The Constitution of Liberty. Routledge.

Hayek, Friedrich A. von (1973, 1976, 1979/2003): Recht, Gesetz und Freiheit. Mohr Siebeck.

Hentrich, Steffen und Sascha Tamm (2014): Regeln für eine freie Gesellschaft. Ein James-Buchanan-Brevier. Herausgegeben von Gerd Habermann und Gerhard Schwarz. NZZ Libro.

Hesse, Nora (2013): „Freiwilligkeit und Flexibilität: Ein Ausweg, nicht nur für die Währungsunion". In: Eekhoff, Roth (Hrsg.): Grenzgänge zwischen Wirtschaftswissenschaft und Wirtschaftspolitik. Lucius, S. 165–176.

Herrmann, Karolin (2010): „Die Herrschaft der Mehrheit" im Spannungsfeld des traditionellen Liberalismus, 7. Workshop „Ordnungsökonomik und Recht". Walter Eucken Institut.

Horn, Karen (2012): Die Stimme der Ökonomen. Wirtschaftsnobelpreisträger im Gespräch. Hanser.

Kielmansegg, Peter Graf (2015): Wohin des Wegs, Europa? Beiträge zu einer überfälligen Debatte. Nomos.

Leonard, Mark (2015): „What would Britain outside the EU look like?", gefunden auf: http://www.theguardian.com/commentisfree/2015/oct/05/brussels-eurosceptics-british-voter-out-lobby

Lindsell, Jonathan (2015): Lessons From Switzerland. How might Britain go about business outside the EU? Civitas.

Major, John (2010): The Autobiography. Harper Press.

Marr, Andrew (2009): A History of Modern Britain. Pan Books.

Mayer, Thomas, Justus Haucap, Stefan Kooths und Frank Schäffler (2015): „Manifest für ein konföderales Europa", gefunden auf: http://prometheusinstitut.de/wp-content/uploads/2015/11/Manifest-für-ein-konföderales-Europa.pdf

Melcher, Michael (2014): Awkwardness and Reliability. Die britische Europapolitik von 1997 bis 2013. Tectum Verlag.

Mises, Ludwig von (1927/2006): Liberalismus. Academia Verlag (4. Auflage).

North, Richard (2013): The Norway Option. Re-joining the EEA as an alternative to membership of the European Union. Bretwalda Books at Smashwoods.

Open Europe Berlin (2013): „Mehrheit der Deutschen misstrauen EU-Institutionen und sind eher für Dezentralisierung von Verantwortlichkeit", Briefing vom 17.09.2013, gefunden auf: http://www.openeuropeberlin.de/Content/Documents/Briefing_Umfrage_2.pdf

Pew Research Center (2015): Faith in European Project Reviving, gefunden auf: http://www.pewglobal.org/2015/06/02/faith-in-european-project-reviving/

Röpke, Wilhelm (1945): Internationale Ordnung. Eugen Rentsch Verlag.

Röpke, Wilhelm (1951/2009): „Zu spät und nicht zu spät. Europa als geistige, politische und wirtschaftliche Aufgabe", in: Hennecke (Hrsg.): Wilhelm Röpke. Marktwirtschaft ist nicht genug. Gesammelte Aufsätze. Manuscriptum (2009), S. 224–234.

Röpke, Wilhelm (1958/2009): Europa – Einheit in der Vielheit. In: Hennecke (Hrsg.): Wilhelm Röpke. Marktwirtschaft ist nicht genug. Gesammelte Aufsätze. Manuscriptum (2009), S. 235–252.

Roosebeke, Bert van (2015): Jährlicher EU-Indikator. EU-Gesetzgebung, Subsidiarität und demokratische Kontrolle – Eine Bestandsaufnahme. CepStudie, erstellt im Auftrag des Konvents für Deutschland e. V.

Sally, Razeen (2000): „Hayek and International Economic Order", in: ORDO 51: Jahrbuch für die Ordnung von Wirtschaft und Gesellschaft. Lucius & Lucius, S. 97–118.

Schäfer, Wolf (2008): „Irlands Nein ist gut für Europa". Blogbeitrag (18.06.2008), Wirtschaftliche Freiheit: http://wirtschaftlichefreiheit.de/wordpress/?p=142

Schwarz, Hans-Peter (2012): Helmut Kohl. Eine politische Biographie. DVA (2. Auflage).

Thatcher, Margaret (1988): Speech to the College of Europe ("The Bruges Speech"), gefunden auf: http://www.margaretthatcher.org/document/107332

Wohlgemuth, Michael und Clara Brandi (2006): „Strategies of Flexible Integration and Enlargement of the European Union: A Club-Theoretical and Constitutional Economics Perspective", in: Freiburger Diskussionspapiere zur Ordnungsökonomik, Nr. 06/7. Walter Eucken Institut.

Wohlgemuth, Michael (2008): „Europäische Ordnungspolitik", in: Freiburger Diskussionspapiere zur Ordnungsökonomik 08/5. Walter Eucken Institut.

Wohlgemuth, Michael (2012): „Wie weiter mit Europas Integration?", in: Frankfurter Allgemeine Zeitung vom 19.11.2012, Nr. 270, S. 12.

Friedrich A. von Hayek-Gesellschaft
Prof. em. Dr. Wolf Schäfer,
Vorsitzender

Friedrich A. von Hayek-Stiftung
für eine freie Gesellschaft
Prof. Dr. Gerd Habermann,
Vorsitzender
E-Mail habermann@hayek.de

Büro für beide Einrichtungen
Chausseestraße 15
10115 Berlin
Telefon 030/27582718
Fax 030/27582719
E-Mail doris.gruenke@hayek.de
Internet www.hayek.de

Weitere Informationen
über die Hayek-Gesellschaft und
Hayek-Stiftung für eine freie Gesellschaft
unter www.hayek.de

Besondere Aktivitäten der Friedrich A. von Hayek-Institutionen

Die 1998 gegründete *Friedrich A. von Hayek-Gesellschaft* widmet sich der langfristigen Sicherung der individuellen Freiheit im deutschsprachigen Raum durch Verbreitung der Ideen im Sinne *von Hayeks*. Sie arbeitet dabei eng mit der 2001 von einem rheinländischen Unternehmer gestifteten *Friedrich A. von Hayek-Stiftung* zusammen. Sie wendet sich besonders an Meinungsbildner in Unternehmerwirtschaft, Politik, Wissenschaft und Publizistik.

- Die Verbreitung der Werke und Gedanken *Friedrich August von Hayeks* im deutschsprachigen Raum, daneben auch anderer freiheitlicher Denker im Sinne *Hayeks*, von der „schottischen Schule" bis zur Gegenwart. Herausgabe u.a. einer Reihe „*Meisterdenker der Freiheitsphilosophie*".

- Ihr besonderes Anliegen ist die ordnungstheoretische Schulung des wissenschaftlichen, publizistischen, politischen und unternehmerischen Nachwuchses („*Juniorenkreise*"). An den Universitäten wird in jedem Jahr für Nichtgraduierte ein *Essaywettbewerb* veranstaltet.

- In den Sommerferien findet seit 2012 die „*Akademie der Freiheit*" für fortgeschrittene Schüler in Kloster Lehnin, Brandenburg, statt.

- Das Abhalten von interdisziplinären Tagungen und Fach-Symposien und deren publizistische Verwertung (z.B. „*Forum Freiheit*").

- Die Verleihung von Auszeichnungen für besondere Verdienste um die Bewahrung einer Gesellschaft freier Menschen an herausragende Persönlichkeiten in Politik, Wissenschaft, Wirtschaft und Publizistik *(Hayek-Medaille)*.

- Regional treten organisatorisch selbständige *Hayek-Clubs* (derzeit etwa 50) mit diversen Veranstaltungen für die Ziele der Gesellschaft ein.

- Das Unterhalten von Beziehungen zu anderen nationalen und internationalen Gesellschaften und Stiftungen, die im ähnlichen Sinne wirken, z.B. die *Mont Pèlerin Society*.